U0671953

吸金广告与爆款文案撰写技巧及实例全书

涂画 著

北京联合出版公司
Beijing United Publishing Co.,Ltd.

图书在版编目（CIP）数据

吸金广告与爆款文案撰写技巧及实例全书/涂画著
. -- 北京：北京联合出版公司, 2022.4
ISBN 978-7-5596-5977-4

Ⅰ.①吸… Ⅱ.①涂… Ⅲ.①广告文案 Ⅳ.
① F713.812

中国版本图书馆 CIP 数据核字（2022）第 030590 号

吸金广告与爆款文案撰写技巧及实例全书

著　　者：涂　画
出 品 人：赵红仕
责任编辑：徐　鹏
封面设计：韩　立
内文排版：盛小云

北京联合出版公司出版
（北京市西城区德外大街 83 号楼 9 层　100088）
北京德富泰印务有限公司印刷　新华书店经销
字数 170 千字　880 毫米 ×1230 毫米　1/32　8 印张
2022 年 4 月第 1 版　2022 年 4 月第 1 次印刷
ISBN 978-7-5596-5977-4
定价：38.00 元

版权所有，侵权必究

未经许可，不得以任何方式复制或抄袭本书部分或全部内容
本书若有质量问题，请与本公司图书销售中心联系调换。电话：（010）58815874

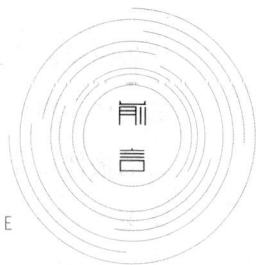

　　广告是一门关于如何在更多机会下卖更多产品给更多人，从而赚更多钱的艺术。广告始终来自人性，只有能够让人感动并有效将产品信息传递出去的广告，才是一个真正的好广告。而文案也概不例外。

　　但广告与文案并不是天高任鸟飞的纯艺术，也不是创意人员的随心所欲，它是担负着赚钱目的的商业艺术，为了使命必达，必须在竞争激烈、干扰众多的市场里冲锋陷阵。所以，任何广告和文案一定都是限制条件下的创意，只有认清现实，并学习接受这些条条框框的限制之后，我们才能够开始谈广告与文案的创意和写作。

　　事实上，别说是一位营销业界的门外汉，就算是对专业的广告和文案策划人士来说，广告和文案策划并实施成功也绝非易事。如何规划你的广告宣传？消费者如何回应来自广告的各种信息？如何定位你的产品？哪些广告影像最抓人？什么样的广告标题才能创造销售成果？什么样的字体运用在广告中最有效？怎样运用色彩提升销售？吸引注意力的最佳设计布局是什么？如何撰写真正具有销售力的爆款宣传文案？……

为什么有的广告让人看了就下单，为商家吸金无数？为什么有的文案被疯狂传播，阅读量迅速 10 万 +，成为年度爆款？其中的奥秘何在？本书即是一本非常实用的吸金广告与爆款文案撰写指导手册。上篇运用心理学、社会学及传播学原理为理论基础，从广告标题策划、构图影像，到字体选择、设计布局、色彩意涵等方面，全面而详尽地阐述了广告宣传创意中的秘诀。下篇以文案创作的方法与技巧为切入点，结合经典的案例和范文，对文案撰写进行整体的分析、讲解，条分缕析地讲述了文案的写作技巧、文案创意的产生、文案与营销的结合等。

本书不仅是一本广告创意和文案策划的指南，还提供营销任何产品与服务所需的洞见、工具及技巧。通过本书，读者可立即抓住广告与文案传播活动的核心要素，掌握成功广告宣传和文案策划的要诀。对正在从事广告和文案策划相关实务的人士而言，此书提供了非常好的参考资源；对正在学习、欲进入广告和营销专业的学生而言，此书可作为广告和营销操作的学习手册。

目录

C O N T E N T S

上篇 吸金广告

第一章
好标题让广告充满吸金力

第三章
调动用户情绪，制造共鸣

第四章
创意文案，6 种开脑洞训练法

第五章
新媒体文案创作 6 个关键词

上 篇

吸金广告

第一章
好标题让广告充满吸金力

广告 90% 的效力取决于标题

广告文本中，标题是最重要的因素。现代广告之父阿尔伯特·拉斯克曾经说过："广告 90% 的效力取决于标题。"

对于平面媒体广告，标题通常会成为成败的关键。一个标题可能会吸引 15% 的读者，但是意思相同而表达不同的另一个标题也许就可以吸引 25%、30% 甚至 50% 的读者。不妨考虑一下下面几个标题：

◇半价

◇买一送一

◇五折优惠

它们所表达的意思是相同的，但是第二个标题通常会比另外两个带来更大的收益。

标题是否能很好地吸引顾客，取决于很多因素，比如标题的字数、印刷行数、字体大小，以及文字技巧的使用。

一个成功的标题必须能吸引潜在的消费者，勾起他们的兴趣，刺激他们的消费需求，并最终说服他们购买产品。

拟标题是一门学问。用约翰·卡普莱斯的话来说，标题决定了你的成败。

本章我们将讨论9类常能产生奇效的标题。同时，我们还会给出一个"神奇"词汇的列表，并对"广告中更适合用长标题还是短标题"这一问题进行论述。

> 本章我们将讨论9类常能产生奇效的标题。同时，我们还会给出一个"神奇"词汇的列表，并对"广告中更适合用长标题还是短标题"这一问题进行论述。

媒体顾问

·标题的作用·

大多数的广告都有标题。在日报、周刊以及杂志中，它们通常会出现在广告的正上方。广告牌上的标题可以作为陪衬，使图片显得更有吸引力。同时，标题还可以作为电视或者广播广告的一个开场白来使用。

·电 视·

标题可以冲击观众的视线，开门见山地给出产品的关键性卖点，从而引起人们对广告的关注。在电视广告多到令人厌烦的今天，你只有几秒钟的时间来让别人记住你。如果你不能迅速引起观众对产品的强烈兴趣，那么你在这场游戏刚开始时就已经输了。

·收音机·

收音机是一种较有亲和力的媒体，非常的个性化。通过广播你可以更加接近听众，同时还能迅速直接地与公众进行交流。

·广告牌·

要吸引路人或者司机的注意力，就必须突出广告的主题，内容要浓缩简练，尽量只把关键的信息传达给大家。海报应该简短而令人愉悦，传达出核心信息并舍去旁枝末节，这样才能引起人们的关注。

尽量只用一个单词和一张图片来做广告。当然，这是理想的情况。你的标题越简单，它被阅读的可能性就越高。要迅速有效地打动消费者，冗长的篇幅以及专业术语是不应该出现在广告牌上的。驾驶员通常都处于精神高度紧张或者注意力分散的状态，当他从广告牌边疾驰而过时，你只有极短的时间来引起他的注意。

·杂志、日报和周刊·

当你在报纸杂志上刊登广告时，标题就决定了一切。简短的标题一般都暗含了购买该产品的消费者可以得到某种回报，因此常常能起到更好的推销作用。

·互联网·

集中你的广告宣传于一点。想想你的目标消费者基数是多少，他们常去哪些地方。然后以此为基础来策划你的宣传，例如，你想在哪一天或是哪个时间来挂出你的广告。如果你的目标是商业人士，那么就买下早上6点至9点的广告时段；如果你的目标是孩子，那么就买下下午2点至6点的广告时段，这些时段都是此类人群最有可能上网的时段。

愿景式标题：预示顾客能获得某种利益或者回报

这样的标题通常会有很好的推销效果。广告宣传可以说服人们购买一些产品，而这些通常都是使用简便、节省能源、可以使消费者获得美满爱情并抬高他们社会地位的产品。

人们要买的不是车，而是速度、安全以及社会地位。化妆品市场卖的不是以水和油为主要成分的面霜，而是美貌、魅力和年轻。这些你必须牢牢地记住。

有效的广告宣传基于清晰的定位和明确的保证。塞缪尔·约翰逊曾经说过："承诺，慷慨的承诺，是一则广告的灵魂。"世界著名品牌出售的并不是香水，而是一种性感的吸引。

总是使用积极的话语。不要让读者感到他们是罪人，不要使他们感到心烦。使人担心害怕的广告很少能为产品带来好的销量。

若想让人们勤刷牙，比起给人一堆满是蛀牙的图片，还有许多更加行之有效的方法。

有关阅读测试的研究表明，用词积极的标题所产生的效果要胜过那些用词消极的标题——实验中，两类指定标题的人数比为50%对37%，而大致阅读了广告的人数比为16%对4%。

如果你能将产品好的一面展示出来，而避免让人们看到它坏的一面，那么通常它会卖得更好。当然也有特例，在药物、清洁剂、保险和金融服务的广告中，情况就不同了。人们追求的是利益，而不是惩罚。

若干年前，吉列公司推出了一款专门针对油性发质人群的洗发水，名为"油性发质专用洗发水"。当然，这款产品很快就从商店的货架上消失了。人们不愿意购买它，因为它会让人想起自己油性发质的这一缺点。吉列很快汲取了这次教训，并推出了一款一次性剃须刀，叫作"好消息"。

一些广告大肆鼓吹自己的产品有多少多少的优点，通常都在3个之上。事实上这种做法是不可取的。这么做只会使人感到困惑。真正能让人牢记的广告，总是将它所有的宣传精力都集中在产品的某一个优点上。

有时确定一个最有可能说服消费者的理由是很困难的。就以尿布为例吧，帮宝适的免洗尿布原本是以注重实用性来定位的。这个想法很有吸引力，但是得到的反响却并不好。于是，帮宝适对其产品进行了重新定位，表示他们生产的尿布可以让宝宝的小屁股保持干燥，让宝宝永远健康快乐。不久，尿布的销量就有了大幅度上涨。达彼思广告公司的罗瑟·瑞夫斯认为，好的广告都会有一个核心卖点，简称为USP。"每则广告都必须向人们传达一个信息：'购买这个产品，那么你就会得到这些好处'。这个卖点必须是你的竞争对手没有或者无法提供的。它必须是独一无二的，可以是这一品牌独特的优点，也可以是这类产品中罕见的一种特质。"

最后，不要忘记广告的真实性，不能夸大其词。如果用户对产品的满意感不如他们所期待的那样，那么他们可能不会再买了。

美国天才网络公司曾经使用过极具侵略性的宣传，在短时间内就赢得了86万客户。当时真正掌握着最顶尖技术的公司是美国在线公司，而该公司的客户数却只有18.1万。天才网络公司的这种侵略性宣传当然也产生了些问题。4年之后，情况就发生了变化，天才网络公司沦落到破产的边缘，而美国在线公司的客户数却达到了800万。

信息快递

畅销的承诺

美貌、苗条、魅力、性感、诱惑

年轻、爱情、激情、肉欲、迷人

健康、长寿、力量、阳刚之气、侵略性

缓解身体上的疼痛，安慰情感上的痛苦

判断力、同情心、亲近感

干净、纯洁、清新、自然

合理的价格、节约

安全、节俭、保护

现代化的、进步的、更新过的

幸福、快乐、娱乐、惊喜

营养好、味道好

自信、自我肯定、满意

方便、康乐、归属感

振奋、流行、愉悦、赞美

活力、热情、精力、力量

冒险、逃脱、自由、意外、禁果

梦想、想象、魔力、好奇

休息、放松、创造力

温暖、亲密、友谊、稳定性、可靠性

一致、独创、爱国、传统

舒适、轻盈、美味、温柔

优越、精致、身份

完美、卓越、保证、高质量

数量、选择、便利、简单、强健、速度

精华、新奇、独特、珍贵

经验、能力、知识、专业

原创、首创、正宗、天然

品牌、产品、标志

性能、效率、学问

成功、尊重、旺盛、成就、优越

能力、权威、统治、影响、权利

威望、风格、优雅、奢华、财富、社会地位

指导性标题：告诉读者如何行动

下面这些标题一般情况下都会得到不错的反响。指导性质的广告总能使一些消费者着迷：

◇怎样变得富有？

◇怎样交朋友？

◇怎样开始一段爱情？

◇怎样在生活中获得成功？

◇怎样减肥？

当人们可以选择通过某种手段或者媒介来获取信息时，他们通常更愿意选择那些有使用价值的信息。

传奇人物大卫·奥格威曾经说过，如果一则广告能给人提供

"I lost 100 unwanted pounds overnight."

The Seattle Times ... Seattle Post-Intelligencer

> 引起人们好奇心的标题总是能脱颖而出，达到更佳的效果。

一些实用建议，那么它的阅读人数会比普通广告多出75%。

由布洛克、阿尔伯特和贝克共同进行的一项研究表明，当人们面临不同的信息选择时，他们更愿意选择那些实用的信息。

壳牌集团向消费者提供一些小贴士（如怎样在气泵上省钱、怎样让你的爱车保持良好的运转状态、怎样保养轮胎等等），它的这个广告宣传获得了巨大的成功。在前3年中，公司一共分发出6亿本宣传册子，名声大振。

猎奇式标题：提出新鲜的事物

这类标题效果奇佳。因为任何不同寻常的东西都会吸引消费者，唤起他们潜在的兴趣。

新奇的东西可以使人充满活力。这是一种瞬间产生的吸引力，新奇事物的魅力来源于一种误导性的观念，那就是新事物总是比旧事物更优越。

在如今的美国，每年商家们都会推出超过10000种的新食品和非食物商品。若是全面投放市场，那么每一种新产品需要花费1500～2000万美元的资金。这并没有什么好惊讶的，通用磨坊公司公共关系主管凯思琳·牛顿就曾说过："我们总是在寻找新的产品以及新的搭配组合。"

汰渍洗衣粉自从上市以来，已经经过了55次重大的更新。艾丽西亚·史华希在《肥皂剧：宝洁公司的内幕》一书中提到，"每次对汰渍洗衣粉进行改良时，宝洁都会进行大量的测试。举例来说，作为漂白研究的一步，宝洁的测试人员需要对3万多双袜子进行漂白实验"。

行为研究学家丹尼尔·伯莱因认为，比起耳熟能详的刺激物，人类往往更偏爱新鲜的刺激物。大卫·希尔思和乔纳森·弗里德曼进行的一项研究也表明，公众更愿意接受新颖的观点。

在洗发露产业中，90%的消费者每年都会尝试使用一款新产品；香水的平均寿命也只有18个月。

找出利用同一种产品来刺激销售的方法是很重要的。在过去的10年里，美国力槌公司小苏打粉的销售额从1560万美元一路飙升到了1.5亿美元。该公司是怎样取得如此巨大的成功的呢？关键在于公司的宣传。通过宣传，公众得知了可以将苏打粉放在冰箱里，作为除臭粉使用的方法。这样一来，使用该产品的家庭从1972年2月的1%一下子上升到了1973年3月的57%。

这个数字在随后高达90%。在接下来的其他宣传活动中，公司还提出了好几种产品的新使用方法，如用作牙膏、放在猫窝里用来吸收排泄物或者作为狗的除臭剂等等。

我们来看看喜瑞欧早餐麦片的例子吧。美国著名广告公司达美高执行副总裁约瑟夫·帕夫默说过："这个品牌已经推出很久了，但是凭借着对当今备受欢迎的营养早餐——麦糠的准确把握，它的市场份额一直在上升。其实燕麦糠很早就进入了我们的生活，只是对于消费者来说，他们现在才意识到这个产品的存在，这就是所谓的新信息、重要的信息。"

舒洁卫生纸的诞生源于人们卸妆的需求。当得知许多人更愿意用它来擦鼻涕后，该产品的生产商对广告推销的重点做了适当调整，于是不久之后舒洁成为世界上最大的卫生纸品牌。

推出一种新的肥皂产品，平均要花费1亿美元；若是香烟则大概需要3亿。每100种上市的产品中，有90%会被淘汰；在快餐业中，每100种食物只会有1种食物为人们所接受；而在医药业中这个比率仅为1‰。最近的一些失败的新产品就包括必胜客的低热量比萨、清新型百事可乐、比可香水、新型可口可乐、普里米尔无烟香烟、巴兹咖啡（含高浓度咖啡因）和卡布母超甜麦片。

根据凯文·克莱斯和罗伯特·舒尔曼的观点，新产品的失败通常有5个原因。第一，目标定位不稳定而且不明确。几乎有30%的失败属于此种类型；第二，消费者对产品和服务不满、产品没能达到消费者的预期水平或者产品在竞争中输给了其他同类产品，这类也占了30%。第三，由于广告宣传力度薄弱导致了新产品信息的普及程度太低，这类占了20%。第四和第五种失败是由于产品促销和分销方面不足而导致的，两者各占10%。

·发布新产品和提供新服务的 15 种方法·

新信息

新想法

新配方

新包装

新容器

新价格

新形式

新颜色

新产品

新配料

新口味

新香味

新技术

使用老产品的新方法

老产品的更新

针对性标题：直接面向潜在客户

这类标题的效果要好于普通的标题。美国广告鼻祖克劳德·霍普金斯曾说过，一个标题应该能够吸引目标消费者。就像在旅馆里，若服务员有消息要带给琼斯先生，那么就会边找边叫着他的名字，广告也得有针对性地进行宣传。

在今天的广告大战中，你必须主动向消费者进攻。瑞普柯林斯广告公司的创办人斯坦·瑞普和汤姆·柯林斯都认为，在没有弄清楚自己的广告到底是给谁看之前，就开始大肆宣传自己的产品，这种舍本逐末的做法是当今平面媒体广告宣传中最失败的做法，也是最不经济的做法。

伯纳德·贝雷尔森和加里·斯坦纳已经向我们证实了针对特定人群的广告比笼统地面向大众的广告效果要好。

要选出你的目标客户群，就要明确这些潜在客户的共性，或是找出目标市场领域内人们的一个共同利益出发点。比如对于那些受脱发困扰的人，就在标题里使用"掉头发"这类的字眼来吸引他们的注意力。

天联广告有限公司（简称 BBDO）前副总裁基斯·金葆先生曾说过："一则好的广告对于其目标受众来说就是一个值得信赖的承诺。"这就是为什么那些大公司更愿意把他们的销售对象进行分割，把一个大市场划分为许多小型的市场。

通用汽车公司的广告主管人员在 2003 年大胆地发起了一项宣传，专门针对那些没有意图购买通用汽车的人。广告突出了通用所有车型在过去的 4 年里所取得的改进。

证书型标题：确保获得更高的回应率

这种标题会带来比普通标题更好的效果。标题内的"证据"要用引号引起来，注意语言要日常化。

利益型标题：用各种好处轰炸读者

这是一个吸引消费者的好办法，因为人们总是希望能节省自己的开支。价格一直都是市场营销成功的关键。

打多少折扣，要给出明确的数字。数量、百分比、距离、有效期、省下多少钱、数字、详细日期都要列出来。这样做可以提高广告的可信度，使你的广告更有影响力。

有效的描述	
好	更好
更耐用的电池	使用时间增长 30% 的电池
速食长粒米饭	5 分钟熟速食长粒米饭
多加几勺	多加 3 勺
非常轻	仅重 3 公斤
有插图	有 42 张插图
极佳的里程数	一加仑（约 3.78 升）汽油可以行驶 125 公里
非常节省	可以省下 100 美元
内有许多坚果	里面共有 64 颗坚果

带有明确数字的标题总是会比普通标题有更显著的效果。

文学家威廉·斯特伦克和埃尔文·布鲁克斯·怀特说过："抓住读者注意力最可靠的方法就是使用详细、明确而具体的语言。"

在某一研究中，研究人员收集了许多关于一款进口新型啤酒的描述，让被试者对其评价。结果发现，像"巴伐利亚过去十年最畅销的啤酒""它在美国所有国内生产和国外进口啤酒参加的测试中，脱颖而出，成为5种不同口味啤酒中的冠军"和"价格公道，一箱6瓶装，每瓶净含量12盎司（约0.355升）的啤酒，仅售1.79美元"这类描述得到的积极反馈是那些抽象描述的2倍。

悬念式标题：为客户埋下好奇的种子

小测试、问题，或者没有说完的句子通常会有很好的效果。

但是，这么做也是有风险的。以一个问题来吸引读者，其实是在冒险。因为仅仅引起别人的注意是没有用的，你必须传达出一种理念，给读者一个承诺、一份小礼品或者一些新鲜的东西。你必须让读者愿意接受你的观点。另一方面，读者应该能够看出广告标题和内容之间的联系，如果别人看不懂你的广告，那么它一定会失败。

时尚型标题：使用流行词汇

专家一般都会这样建议，不要毫无根据地玩文字游戏，或者使用有歧义的标题。"芝加哥论坛报"的皮埃尔·马丁诺曾写道："现在的普通人，都是看着 B 级电影、漫画书和报纸上的体育新闻长大的，他们在智力上，并不具与专业沟通人员交流的能力。"

当被问及成功的秘诀时，畅销书作家詹姆斯·克拉韦尔说道："情节比华丽的文采更重要。"我们完全有理由相信这个规律在大多数情况下都是适用的，但是露华浓公司的著名广告"她染过发了，还是没有染过？"证明了文字游戏有时也是很有效的。

短句式标题：简明扼要才能让人容易理解

大部分标题的长度都应该不超过 7 个单词，标题越短：

◇人们阅读这则广告的概率就越大。斯特灵盖契尔广告公司的研发主管哈罗德·鲁道夫就曾说过，7 个或者不到 7 个单词组成的标题通常比那些过长的标题更吸引人。

◇人们记住这则广告的概率就越大。哈佛大学心理学家乔治·米勒说过，人类的记忆最多可以同时处理 7 条信息，这就是为什么许多地方都用到了数字 7：一星期有 7 天、电话号码有 7 位的、世界有七大奇迹、白雪公主有 7 个小矮人、七宗罪等等。

广告专家认为短标题比长标题更有效。调查表明，美国广告标题的平均长度为 6.62 个单词。

另一方面，不要刻意地压缩标题，著名的广告创作人约翰·卡普莱斯说过："简短很重要，它可以使广告标题更加出众。但是盲目求短的做法也是不可取的。标题更重要的还是传达你想传达的信息，如果要用 20 个单词才能将你的意思完整地表达出来，那么就用 20 个单词吧。"

盖洛普和罗宾逊称："广告能否成功，看的是你有没有自己的理念，而不是宣传操作的技巧；看的是内容，而不是形式。"

如果标题长度超过了 12 个单词，那么使用小标题或者副标题可以提高成功的概率。这个办法在直销和零售广告中尤为重要。

尽量让品牌名出现在广告标题中。麦格罗·希尔曾经做过一个关于工业广告的研究，结果表明，比起那些没有出现产品品牌名称的广告，标题中出现产品品牌名称的广告的平均阅读人数要多出 20%。

第二章
写出销售力的广告行文技巧

撰写一则好广告的 20 条原则

编写一则好广告是很花费时间的。首先，写作是一种高难度的技能，尤其是写广告。广告用词必须遵循独到、简单而严谨的原则。

一个老练的广告文案，可以将词语有效地搭配组合，从而让广告具有说服鼓动消费者的功能。一般来说，用词越简练，读者对广告的回忆率就越高。

在写广告的时候，可以遵循如下 20 条原则。

1. 开门见山

开门见山，舍去不必要的内容，广告越长，读者就越容易对其失去兴趣。

大多数的电视和电台的商业广告持续时间都在 30 秒左右。大多数的平面广告都偏向于使用图片而不用文字。所以你根本没有时间对你的产品或服务做深入的介绍。

还记得肯尼思·罗曼和乔尔·拉斐尔森的话吗？"你的读者

非常繁忙，他们没有太多空余的时间，如果想抓住他们的视线，你的广告就必须直奔主题，尽量为读者节省时间和精力。"

托马斯·杰弗逊说过，一个人最重要的才能就是"当你可以用一个词表达你的想法时，绝对不用两个词"。

2. 把最具说服力的理由放在广告的开头

让广告的第一段给人留下深刻的印象，让消费者看到他们将来能获得的利益。

几乎所有著名的广告撰写人——括勃莱、凯普斯、霍奇森（Hodgson）、刘易斯、奥格威、萨奇姆、施瓦布、斯通——推荐我们在广告中使用新奇而具有冲击力的开头。

在第一段写完之后，下文就应该是对产品关键优势的展开描述。正文一定要不断地对关键信息进行重复，给读者留下更深的印象。

3. 简洁易懂

每个广告撰写人都要面对如何让每个人都能看懂你写的广告的问题。

如果一则广告使用了晦涩的语言，那么普通人可能会看不懂。阿尔佛雷德·波立兹调查公司总裁，专业市场分析师阿尔佛雷德·波立兹曾写道："使用简单的语言似乎能让广告更有效力，它能将你的优势简单直接地呈现在读者面前，而不要玩那些与产品无关，只是为了引人注意的把戏。"

特劳特里斯咨询公司的创办人阿尔·里斯和杰克·特劳特进一

步提出："当今世界竞争无处不在。对于许多想要成功的人来说，有一个办法就是仔细研究对手的广告宣传，然后找出其中阻碍信息有效传递的因素，比如那些古代诗词或者抽象的概念，并引以为戒。简洁易懂的信息可以让沟通更加顺畅。"

要知道，广告受众中还有大量文化水平并不高的人，他们的理解能力有限。这就是摆在你面前的难题。如果语言过于简单，那么可能无法吸引读者；如果语言过于个性化，那么读者可能会因无法理解而持观望态度，甚至还会产生怀疑。简而言之，要说得简单明了，但也不能把读者当成白痴。

4. 直接和顾客进行交流

一些广告撰写人在设计广告词的时候，就好像在和无生命的物质交流一样。这种做法当然是不可取的。应该时刻将读者放在心中，和他们对话，聆听他们的声音。像在生活中对待朋友一样对待你的读者。

下面是让广告更具亲和力的4种方法：

◇直接和读者对话，用"你"这样的代词。不要说"新的华纳设备系统可以节省10%的热量损耗费用"，而应该说"新的华纳设备系统可以为你省下10%的热量损耗费用"。

◇使用令人感到亲切的日常用语。你可以直接向读者提问、提出请求，使用感叹句、祈使句、随意或者聊天性质的句子。

◇举一个产品使用的实例，而不只是列举产品有哪些优点，值得购买。这个例子应该告诉读者，使用了你的产品，他就能切实地获得某些好处。

◇在广告中使用一些明星的名字。直接用人名、人称代词或者非正式用语，像"人们""妈妈"。

研究证明，交谈式的日常用语经常能产生奇效。丹尼尔·斯塔奇曾对100则广告做过这方面的调查，结果有50则广告得到了高分，而另50则被证明是失败的。这次调查表明，一则广告若能让消费者感觉自己受到了重视，那么它就成功了。

根据鲁道夫·傅乐施博士的观点，广告语言越日常化，越人性化，那么就越能引起别人的关注。人们总是对发生在他人身上的事有一种好奇，这种好奇远比人们对物体或者概念的好奇要强烈。

5. 利用逻辑推理和情感攻势

广告不仅要告诉消费者在物质方面你们可以得到某些好处，比如"我们的产品可以让您的牙齿更洁白"，同时，在精神层面上，你们也能得到愉悦，比如"看看，使用了我们的牙膏后，你是多么受女性的欢迎啊"！

逻辑性很强的平面媒体广告通常情况下也会有上佳的效果。但是，研究人类喜好的专家威廉·迈克古尔也发现了一些特例，那就是有些顾客对于理性的、逻辑严密的广告不感兴趣。

6. 段落要浓缩精华

由盖洛普和傅乐施共同进行的可读性研究发现，广告文字段落越长，阅读人数就越少。

7. 选择简单常用的词语

研究表明，简短的词语比复杂的词语更受欢迎。同样，常用词汇也比那些晦涩的词汇更受欢迎。

这两条规律事实上只是一条更普遍原则的两个方面。美国研究员乔治·金斯利·齐普夫在他的著作《人类行为和最小付出原则：人类生态学导论》中曾提到，简短的词语通常也是最常用的词语。所有短小而常用的单词都有一个共同的特点，那就是简单。

短小常用的单词能更快、更准确地被人理解。因此，它们更容易被记住。

使用简单的词语	
宁可用	**也不用**
难过	悲哀
同意	共识
学习	研究

陈述性的、具体的语言比抽象的语言更适合于广告宣传。它们不但比抽象的语言更容易理解，也更容易记忆。

避免使用俚语、专用术语、外语、方言、古语、缩略语和新生词。如果一定想用，也得十分谨慎，否则，读者可能会完全看不懂你在说什么。

李奥·贝纳在自己的备忘录中提到过："不要在任何面向大众的平面媒体中使用一个智力正常的 16 岁孩子看不懂的语言。成功的广告，不论是在平面媒体还是在电视中，看起来都应该是简单易懂的。它总是给人一种平易近人的感觉，而不会让人觉得商家是高高在上的。"

显然，在电脑杂志中你当然可以谈及随机存储器或者软件之类的东西，但是在小报中讨论电脑的内部和外部存储装置是否也同样妥当呢？对此要待商榷。

8. 多用短句

有关阅读记忆测试证明，短句要比长句更容易记忆。如果你希望听众能正确地回忆起你所说的话，那么就不要使用超过 12 个单词的句子。

9. 使用肯定句

如果你说"桑薄薯片不含防腐剂"，那么很多读者记住的可能是桑薄薯片含有防腐剂。这是因为否定助词很容易被人遗忘，如果同时看到"桑薄薯片"和"防腐剂"这两个词，它们会被存储到邻近的记忆区域，这样人们很容易会将它们联系起来。

多年前，菲利普·莫里斯公司为旗下一种香烟品牌做广告，说这种香烟比其他香烟对人的刺激小，结果其销量大跌。韦斯和盖勒就此进行了采访，几位被访者称："一想到菲利普·莫里斯香烟，就想到了刺激性物质。"

如果必须使用否定短语，你可以通过下划线或者斜体处理来引起读者的注意。

10. 遵循主谓宾的顺序

频繁使用环环嵌套的多重句式来进行推销，会让读者读起来非常费劲，同时他们也难以理解你的文章。

如果想让文章简单易懂，那么最好记住，一定要把关键词放在句末。人们通常对句末的词语记得更牢，对句首的词则较易遗忘。

11. 暗示因果关系

句子作为一个整体，如果以"这就是为什么""结果""例如""明显的""因为""但是"或者"虽然如此"开头，就会更容易被人记住。这类句子结构清晰，逻辑合理，因此所阐述的内容也就显得更加明确。

12. 不要让省略号分散了读者的注意力

过多使用省略号会阻碍读者的思维过程，使其感到疲劳、厌烦。

13. 不要让感叹号分散了读者的注意力

那些缺乏写作激情的广告撰写人经常会使用感叹号来弥补他们的这一缺陷。

14. 重复产品的名称

在广告中尽量多地让产品名称重复出现，是一个很好的推销方法。永备电池公司的广告就是个很好的反面例子。该公司的广告为公司赢得了许多荣誉，同时也被评为 1990 年美国最佳广告之一。但遗憾的是，这些广告中几乎没有提及产品公司的名称，在一项调查中，竟有40%的人错认为这些广告是由其竞争对手金霸王电池公司设计的。这种错觉正是金霸王公司销售量持续增长所带来的结果，永备电池公司实际上是做了它的垫脚石。

15. 不要说废话

尽量避免使用"世界上最好的""第一""每个人的最爱""完美的""最经济的""最便宜的""最廉价的""最高效的""最可靠的""最耐用的""独特的""无与伦比的""独一无二的"这些陈词滥调。

记住，过分的概括和绝对化是你最不应该犯的错误，下面提供一些广告，供大家参考：

半个世纪来最好的，甚至比今天更好	阿德麦瑞逊雪茄
人人喜爱阿德麦瑞逊	阿德麦瑞逊雪茄
总是领先，总是公正	印第安纳波利斯明星社
没有比这退烧更快的了	儿童必理通
冠军牌电火花塞，世界上最好的电火花塞	冠军
没人能打败美佳达，没人	美佳达
善待美国，布拉奇就是大家的榜样	布拉奇糖果
新闻周刊，全世界最好的周刊	新闻周刊

特效沉淀剂马洛克斯，胃药王者	ExtraMaaloxPlus 胃药的广告
没有比阳光牌更好的去斑药了	阳光集团
世界顶级的享受	总统轮船公司
因为卓越，所以卓越	安妮文胸
不管是制冷器还是微波炉，我们都是最棒的	莎纶的食品包装袋
有谁能与克莱斯勒抗衡	克莱斯勒汽车
高地，为您提供最廉价的商品	高地背包
永远带给你未知的惊喜	泰龙电话公司
永远走在未来的前沿	泽恩工业公司

利用上述策略的广告几乎都以失败告终。当然，也有一些例外。但随着时间的流逝，夸张的用词一定会渐渐失去它原有的效力。

百思买市场策划副总裁兰迪·赞纳塔说过："现在的顾客已经不像以前那么单纯了，他们知道自己想要什么产品，哪一个型号的，他们知道什么才是真正有购买价值的。他们不会再被那些老套的推销方法所愚弄了。"

16. 把"我"的概念从广告中除去

不要用下面这些表达方式："你需要我们的产品""买我们的产品""禁止仿制我们的产品""注意假冒产品"。消费者如果同意你的观点，那么他们可能会接受这类宣传。但是一旦消费者发现你只是在拉拢他们，你想要的是他们口袋里的钱而不是真正为他们的利益在着想时，他们绝对不会再购买你的产品了。

17. 要诚恳

根据《广告时代》杂志的前专栏作家詹姆斯·伍尔夫的观点，那些热情、真诚而和蔼的人设计的广告往往都很成功。

18. 每25行就使用一次小标题

精心设计的副标题可以使读者兴趣盎然，人们不用从头到尾整篇阅读也能理解广告的主要内容。

你认为这则广告如果使用了副标题的话，效果应该会更好些吗？

19. 总结

一段思路清晰的总结，可以让信息的传达效率提高一倍。

通过总结，你可以试着说服目标消费者采取行动。想象这样一个场景：一个读者正在快速浏览报纸，他刚读完体育版块并核对了彩票的数字。突然，他看到了你的广告，并开始阅读，片刻之后，他又开始翻阅其他的新闻，好像什么都没有发生一样。这不是我们想要的结果，我们不能就这样失去成千上万的顾客。尝试利用各种技巧让读者对你的广告做出积极的响应吧。

你可以换一种形式来介绍产品的卖点。读者脑中能预见到的可得利益越多，他们购买你的产品的可能性就越大。

你必须密切跟踪读者的心理变化，直到他们最终做出购买的行为。试着让人们有一种急迫感，设置一个销售的最后期限，并告诉他们你的存货有限。

提供最大可能限度的保障使消费者买得放心。一份承诺是销售产品、提供服务的关键。人们在购买新产品时，总会有些担心。他们需要有人给予一个保证。一个可信度很高的保证可以消除人们的担心，从而提高产品的销量。

在广告的最后，加上销售期限、销售地址以及电话号码。捷豹汽车通过杂志广告，成功地推出了一个1800开头的免费服务电话，结果表明在所有拨打了这个号码的人中，有35%～40%的人得到了捷豹的经销权，还有10%的人甚至直接购买了一辆捷豹汽车。

土星汽车的平面媒体广告推销策划，吸引了2.2万人通过1800开头的免费服务电话来进行咨询。"其中1/3的人愿意成为土星在当地的经销商，93%的人希望能得到一本土星汽车的宣传册。"这是土星汽车公司市场策划服务主管谢弗先生的原话。

嘉宝公司每一则产品广告都能鼓动家长拨打公司的 1800 开头的电话，咨询有关宝宝的照料和抚养问题——嘉宝每天都会接到 1200 多个电话。

一些公司为了能让顾客记住他们的 1800 开头的号码，甚至还利用了文字来代替数字，例如 1800 ＋鲜花。虽然这是个聪明的办法，但一些公司在遭受巨大损失后，终于意识到靠这么简单的方法是行不通的。美国电报电话公司（AT&T）的情况就是如此，它曾将提供公司服务咨询的电话号码改为了 1800 ＋操作者（OP-ERATOR）。但 AT&T 没想到，竟然有许多人不会拼 OPERATOR 这个单词，而把它拼成了 OPERATER，这一失误反而让自己的竞争对手 MCI 通信公司钻了空子。

MCI 通信公司将其电话号码设为了 1800 ＋操作者（OPER-ATER），不知情的顾客原本并没有计划和 MCI 公司做生意，却在不知不觉中为此公司贡献了 50 万美元的巨额利润。

尽量在广告中加入你的标识或者商标。但是要注意，商标的使用有时也会给你带来麻烦。斯切尔集团所进行的一个研究发现，波顿公司的标志"母牛埃尔希"的确为公司树立了一个很好的形象，但是奥兹莫比尔汽车的形象却由于其火箭标识而大打折扣。在所有参加测试的标识中，IBM 公司和梅赛德斯－奔驰公司的标识为公司形象的提升做出的贡献是最大的。

确定正文长短要考虑的 3 个因素

大多数研究表明，确定广告正文的长短时应该考虑以下几个因素：

1. 宣传媒体。例如，在直复营销时，广告撰写人约翰·卡普莱斯认为不适合用短标题。他曾写道："这种情形下，长篇叙述往往会比简单的描述要更有效。"理查德·哈德森曾出版过一本书《直接邮寄广告和邮购指南》。他在书中也写到了"在一项研究中，研究者给 500 名预期消费者发送了一封长度为 11 页的邮件，结果有 161 人在回信中给出了积极的答复，收入成本比为 45 ∶ 1"。

2. 目标人群。消费者中总会有一部分特殊人群，他们哪怕是多看几个字也不愿意。根据约瑟夫·纽曼和理查德·史德林的研究，一个产品的潜在顾客掌握的信息越多，那么在做出购买决定前他想得到的信息就越多。另外，50 岁以上甚至年纪更大的人在购买一个商品之前，一般会进行大量的阅读，希望得到更多的信息。写广告时应该把这个因素也考虑在内。

3. 推销的产品或者服务。如果你推销的是一个全新的产品；如果你的顾客是有专业技术的人；如果你想重新调整产品的定位；如果你想让消费者心甘情愿地购买昂贵物品，那么选择长篇叙述会更好。根据认知研究服务公司的调查，人们一般认为，广告正文越长，那么设计这则广告的公司的信誉度就越高，因此就更愿意尝试该公司所生产的产品。结果当然就是产品销量的上涨了。

但是如果你推销的产品是软饮料、服装、糖果、薯片、啤酒、葡萄酒、珠宝、女士贴身内衣、香水、肥皂、美容产品或者洗发水，那么尽量使用简短的广告。顾客购买这些产品，为的是得到精神上的满足，因此这些产品并不需要你多费唇舌去推销。

信息快递

·使用长篇广告的 4 个原因·

1. 推销一种新产品

每次在市场上推出一种新产品的时候，你都应该在广告中对其外形、尺寸、重量、颜色、价格、轮廓尺寸、性能以及质量等等进行详细的描述。

2. 如果你的顾客是那些专业技术人士，他们购买你的产品是由于生意上的原因

有些产品一般只用于工业、农业、商业或者家庭中。对于设备、工具、建筑材料、工业原料以及其他任何一类只针对特殊阶层买主的产品，使用专业术语来推销是最合适的。

3. 如果你想重新寻找产品在市场上的定位

如果你遇到了危机，那么请给消费者一个合理的解释吧。曾有人怀疑克莱斯勒公司故意切断了它生产的某些车型内的里程表电源。该公司随即在美国所有的主要报纸上发表了一篇大约 350 字的公告来澄清事实。上面还有公司董事长李·艾科卡的亲笔签名。

4. 如果你出售的是贵重物品如电脑、汽车、共同基金或者是一次研讨会的组织权，那么请使用长篇广告

这类产品的使用寿命一般比较长，因此顾客需要足够的信息来决定是否购买它们。这些产品的广告应该通过对产品质量、性能、代表的社会地位以及产品声望的描述，来证明它们的价值。

提高广告可信度 的 11 种方法

确保广告里所说的你都能做到。许多人会怀疑广告的真实性。在加拿大进行的一次盖洛普民意测试中，2/3 的被试认为大部分电视广告在欺骗顾客，而 1/4 的被试认为所有的广告都有虚假成分。

根据市场实情公司为《时代》杂志所做的一项调查，43% 的被试者认为广告行业是最没有道德规范的行业。在一次民意测试中，测试人员记录下了普通人对从事各种公共事业人员的信赖度，并做了相应打分。结果发现广告公司的得分是最低的，也就是说，公众眼中广告公司的信誉度是最低的。下面的 11 种方法可以让你的广告更令人信服。

1. 研究和测试

由独立调查公司发起的研究或者民意测试可以很好地说服消

费者，促使他们购买某种产品。

2. 将使用过产品并感到满意的顾客的声音传递给公众

美泰家电公司就曾经做过这样一则广告，来显示其生产的机器是多么耐用：

自从 1969 年以来，我们社区内所有衣服的清洗都是由美泰洗衣机完成的。现在，像这样的社区已经有 35 个了。

这么多年来，美泰洗衣机一直表现很好，给我们带来了很多方便，就算再怎么夸奖它也不算过分。

我们修道会购买第一台美泰洗衣机，是在 10 年前了。自从那之后，它每星期都要工作 50 ~ 60 次，在此期间它几乎没有出现过什么故障。很明显，美泰洗衣机是非常耐用的，同时由于较低的故障率，它可以为你省下一大笔开销。

3. 满意的保障

由威廉·比尔登和特伦斯·辛普发起的研究表明，一个考虑周全的退款保证对于广告推销非常重要。

思高对其多用途盒式录像带提供了终身保修服务，并保证一旦其产品出现故障，可以免费更新。这一招使它立刻占领了市场。

假日酒店向不满意酒店服务的消费者提供免费短期住宿作为补偿，此举使酒店客户服务质量得到的评价大为提升，其成效之大就连假日酒店自己都没有想到。

但是，向客户保证偶尔也会给你的广告带来负面影响。达美乐比萨店曾推出过送货上门服务，保证客户预订后 30 分钟内一定将比萨送到指定地点。但是，这一策略使得一些赶时间的送货员不得不危险驾驶，因此达美乐只能重新审视自己的这一策略。

4. 官方组织的认证书

拥有一张由外部消费者组织、教育机构、商会或者政府部门颁发的证书，是赢得顾客青睐的一大绝招。

巴拉德博士狗食曾获得加拿大兽医协会盖章认证。邓禄普网球拍则拥有美国网球协会的销售批准。当宝洁旗下的佳洁士牙膏获得了美国牙科协会认证后，其产品销量在短短几个月中就上升了23%。

5. 奖状和奖牌

仔细记录下产品所获得的奖杯和奖赏。在普通人看来，那些获得过荣誉的产品质量一般要更好些。

在一个饱和的市场中，比如汽车市场，许多公司都是依靠一些独立媒体机构来提高信誉度的。通用汽车公司精选出的庞蒂亚

Announcing the antifreeze so good it actually guarantees your radiator.

**New Prestone® Advanced Formula.
The antifreeze that guarantees your radiator.**

◇普利斯通防冻剂的生产商在其广告中，向顾客做出了产品质量和产品价值的承诺。与此同时，生产商也靠此消除了顾客对其产品的抵触情绪。

克车型就曾出现在《汽车周刊》上，并被称为"国内最好的私人轿车"；同样的，切诺基吉普的精品车型也曾上过《四驱与越野》杂志，2种车型的销量都因此获得了增长。

在德阿尔希地区负责庞蒂亚克车型销售的前高级副总裁兼管理主管马克·哥维克曾说过："我们发现，第三方以及独立媒体机构所做的证明，在影响人们做出决定时是很有分量的。研究表明，在这个错综复杂而又充满着不确定性的行业中，如果一款车型得到了较高的评价，这就意味着顾客在购车时，会给它优先的考虑。"

为了提高其葡萄酒产品的信誉度，波则尔公司和它的代理商泰勒加利福尼亚地窖酒公司，在圣弗朗西斯科发起了一场商战。结果不但泰勒公司的名声大振，同时，波则尔公司也借此机会成功地将其众多红酒产品的优良品质深深地印刻在了消费者心中。

6. 产品历史

消费者总是认为，历史悠久的产品质量就更好。举例来说吧，象牙肥皂、淳果篮葡萄汁、壳牌石油、威斯顿面包、美国千色乐蜡笔、好时巧克力、吉勒果冻、摩绅啤酒、牛牌发酵粉、好乐门蛋黄酱等都具有一百多年甚至两百多年的历史，伴随几代人的成长记忆。这些都是非常成功的品牌。

泰诺的生产商强生公司在卷入了一场氰化物丑闻之后，该公司迅速出资100万元连续4天在各电台中插播一分钟的短广告。

公司医科主任托马斯·盖茨博士亲自出面向观众做出解释，并以泰诺这一品牌 20 年的历史作为后盾来安抚公众。

7. 消费者数量

对产品满意的消费者数量越多，那么潜在消费者被说服的可能性就越大。这就是麦当劳要对外宣称自开业以来其汉堡包的销量已达 700 亿个的原因。

很多时候，消费者会受到流行趋势的影响。举例来说，头一年的圣诞节，父母还争先恐后地为自己的孩子购买卷心菜娃娃，到了第二年，他们便在出售任天堂游戏机的商店前排起了长队；头一年很多人都想要一块帆板，可到了第二年山地车却成了大家的新欢；这个季节，大部分女性都在使用安妮香水，到了下个季节，她们又喜欢上了卡尔文香水。下面是借助流行趋势的 3 个方法。

◇用百分比，比如"90%的加拿大人都选择了阿司匹林止痛药"。

◇亮出你的销售量，比如"去年我公司制造的汽车销量为 12000 辆"。

◇提及满意的消费者比例，比如"10 个消费者中有 9 个都会向您推荐七喜"。

不管使用哪个方法，关键是要传达出一个信息：你的产品深受大众的喜爱。如果做到了这一点，那么你的广告一定会大受欢迎。洛德托马斯广告公司的克劳德·霍普金斯曾写道："人有时就像绵羊，他们无法正确判断价值的大小，包括你和我。大部分情况下我们会受别人的影响，会跟着大潮流走。所以我发现做广告最有效的手段就是利用流行趋势，人们会受流行风格和大众偏好的影响，这一点是不容忽视的。大多数情况下我们很难靠自己做出正确的决定，因为我们无法同时掌握所有的信息。因此当我们看到人潮在向某个方向移动时，我们通常都会紧随其后。"

如果一个产品失去了对公众的吸引力，那么其后果可能是灾难性的。玛莎斯图尔特公司曾被人指控进行幕后交易。刚开始公众的反应并不是非常激烈，只有17.8%的人认为这件事确实对他们产生了影响，他们会考虑不再购买玛莎斯图尔特的产品。一年后这个数字增长到了28.6%，不久之后，玛莎斯图尔特的名字便从杂志封面上彻底地消失了。

8. 明星顾客

在比尔·克林顿刚上任时，他经常晨跑，而终点则定在了一家麦当劳快餐店。毫无疑问，这对提升快餐巨头麦当劳的形象产生了很大的影响。

根据前麦当劳公共关系主管托马斯·哈里斯的说法，克林顿给了他们的菜单一个"合法的地位"，并且"批准"了人们前来品尝汉堡包。麦当劳不久便因此风靡美国，就连那些平时不会光顾麦当劳的人也忍不住要来尝一尝。

9. 分店数量

麦当劳共有 3 万多家分店，分布在全世界 100 多个国家，每天的顾客数量达 4600 多万人次。

赛百味快餐店的 34218 家商店分布在全球 90 多个国家，因此其产品的名字也变得特别响亮。

10. 忠实顾客的推荐

在出售咖啡、清洁剂和洗发液这类产品时，引用忠实消费者对产品的评价来促销是相当有效的。

如果有消费者愿意为你的产品说几句，那么记得每次广告只请一个人就够了，同时不要对访谈内容做任何修饰。广告撰写人罗伯特·勃莱曾写过 50 多本关于直复营销的书，他说："自然的谈话方式使消费者的评价显得更加真实，这样，访谈的可信度就提高了。"

麦科勒姆·斯贝尔曼也认为，选择采访对象时不要选那些显得做作、着装土气或者相貌平平的消费者。他们常常更关注自己而不是你的产品。同时，个人的观点通常都会比一群人的评价更有说服力。

11. 高级经营管理人员的评价

雷明顿、克莱斯勒、史利曼、裴顿农场、亨利 & 理查德布洛克、中信保诚集团和凯玛特这些公司都曾邀请过公司高层发言人来宣传自己的产品，以提高产品的信誉度和销量。

维克托·基亚姆出现在雷明顿公司的广告中之后，雷明顿电动剃须刀的销售量一下子从 4 300 万美元猛增到了 1 亿美元。正如爱德华·科恩所评论的，虽然这样的商业运作并不能为雷明顿电动剃须刀赢得任何荣誉或者人气比赛，但是它却可以说服许多人购买这一产品。

李·艾柯卡在克莱斯勒汽车广告中的出现可谓是意义非凡，这也使他本人成为一代美国人心中的英雄。

史蒂芬·贝克曾有过这样的描述："虽然一开始并不愿意上电视，但是事实证明李·艾柯卡正是代表公司形象的最佳人选。他像是第二代的美国人，是个斗志旺盛的执行官，这个'汽车小子'已经成为真正的民族英雄……看到他竟有如此大的个人魅力，肯扬埃克哈德广告公司坚决主张他应该继续为克莱斯勒做广告，甚至是在该公司从破产边缘奇迹般地复活之后，他们仍然没有改变这种信念。任何人都不可能像李·艾柯卡一样，带来如此巨大的影响，他是独一无二的。"

华尔街经历了 1987 年的黑色星期五后 3 天，美林集团的首席执行官威廉·施赖尔就出现在了一则商业广告中，安抚公众并提醒人们对未来保持谨慎的态度。

高级行政官员的声明有时也是一把双刃剑。如果那位官员卷入了丑闻之中，就像玛莎斯图尔特公司所遇到的情况那样，那么整个公司都会被蒙上一层阴影。

让广告更具销售力的 14 种技巧

推销活动的目的是快速增加收益，一般可以通过商店的海报、覆盖面较广的邮件、报纸广告以及传单的形式来进行。

虽然在过去 20 年中，许多商家的销量都有了很大提高，但这是以迅速提升的广告费用为代价的。1969 年，全世界几乎 53% 的营销预算被用于广告宣传。唐纳利市场营销公司的研究报告显示，现在，产品的推销活动成本更是占去了营销预算资金的 73%。下面我们将介绍 10 种方法，让你的产品推销变得更有效：

1. 打折优惠券

打折优惠券是使用最广泛的推销手段之一。根据 NCH 推销服务公司的调查，仅 2020 年一年，全加拿大的公司共发放了 23.2 亿张优惠券。其中，有 1.1 亿张被使用。这些优惠券给商家带来了很多好处：

◇它们可以让一个衰落的品牌东山再起。

◇它们可以在短时期内让你抢占更多的市场份额。

◇它们可以使产品更受欢迎。

◇它们可以让你在短时间内接触到大批消费者。

◇它们可以增加消费者对产品的忠诚度。尼尔森市场研究有限公司认为，与直接在商店购买打折商品的顾客相比，拥有优惠券的顾客对产品的忠诚度要更高些。

◇它们可以使消费者接受一种新口味或者一种新外观。

◇它们可以使消费者想要一试你的产品（根据估测，得到某个产品优惠券的顾客中有65%的人之前是没有使用过这个产品的）。

根据信息资源公司的研究，对于一些著名品牌如斯科普漱口水、拜尔的阿斯匹林、卡夫烤肉酱、家乐氏麦片和维斯克洗涤粉等，它们25%的销量，甚至更多，都是得益于优惠券的发放。到20世纪80年代末，快餐业中将近20.8%的销售额都来自优惠券的发放和特价产品的推出。

尼尔森公司的调查显示，截至1971年，有58%的美国家庭已经使用过优惠券，1975年是65%，到了1980年，这个数字上升到了76%。调查显示使用优惠券最多的是那些中收入家庭。

信息快递

·怎样"生产"一张好的优惠券·

产品（服务）

优惠券的说明必须清晰而明确，特别是对产品的数量、外观和颜色等的说明。

价值

你的优惠券起码要值5元人民币。

使用期限

必须出现在优惠券的中间正上方位置。

名称

产品名必须清晰可见，它和商标一起出现，以免混淆。

标题

强调其经济节省的特点。用词简单而亲切，像"省下"或者"×折"。

位置

你的优惠券应该出现在广告靠下的部分，最好是在右下角。

条形码

条形码应该印在优惠券的右下角。

格式

标准的优惠券长为 12cm，宽为 4cm。

优惠券在不同的国家的流行程度有很大差别。2004 年，加拿大国内优惠券的使用率为 4%，比利时为 56%，在意大利和西班牙为 16%，而在英国则为 7.5%。

另一方面，优惠券也有两个缺点。第一，超过 20% 的优惠券存在着欺诈消费者的内容，这使得企业在信誉方面面临着越来越多的困难。第二，优惠券无法提高消费者对于某一特定产品的忠诚度，同时对提高产品的中长期销售量效果也不大。事实上，只有 1/10 的优惠券为产品销售量带来了 10% 的增长。

2. 有奖活动

有奖活动可以为你和那些对你的产品感兴趣的消费者提供很好的交流机会。即使这些活动开展得非常低调，它们也将对市场营销产生很大的推动作用。

通用汽车公司特别为其土星车型的使用者举办过室外展览。美国摩绅公司每年都会从其宣传和市场营销预算中拿出30% ~ 40%来举办一些有奖竞赛和产品宣传活动。

3. 试用品

不论推销老产品还是新产品，分发免费的试用品是非常有效的一种推销手段。就算没有任何的广告或者其他推销方式来配合宣传，它也能独当一面。在免费品尝过一种新牌子咖啡的顾客中，33%的人会和自己的亲戚朋友提起这个咖啡。

在食品行业中，80%的免费品尝活动都带来了销量的增长。

在香水行业中，广告并不是主要的推销手段，试用品才是产品畅销的关键。蜜丝佛陀公司高级副总裁莎伦·里万曾说过："我们仍需要广告的帮助来树立产品形象，但是，我们已经发现了更为有效的推销方法，那就是直接将我们的香水送到消费者手中。"

4. 礼物

赠送礼物是吸引消费者的另一个方法。每年，麦当劳在世界范围内要送出15亿件玩具。实际上，麦当劳及其竞争对手每年送出的玩具占了美国总玩具发放量的1/3。

如果想利用这个方法，那么你必须给消费者一个惊喜。好奇心是人类最强的本能之一。如果你事先就把所有信息公之于众，虽然仍会有人想得到奖品，但是更多的人会对此失去兴趣。记住，每个人都喜欢得到惊喜。

5. 降价

价格对于市场营销的重要性远不是"重要"一词可以形容的，它直接决定了顾客会不会购买你的产品。卡恩那广告研究报告显示，98.7% 的消费者在购物时会受到价格的影响。

商品的定价是非常复杂的。许多研究表明，那些价格以奇数结尾的产品通常会比以偶数结尾的产品卖得更好。大约 80% 的产品标价的最后一位是 5 或者 9。

乔·马尔尼是多伦多的一名广告媒体顾问，他曾发表过这样的言论："定价是一门复杂的学问，价格会因产品的不同和市场的不同而有所差异。许多关于市场营销基础知识的书籍都是这么写的：尾数为奇数（1，3，5，7，9）的价格，或者略小于某个整数（99，98）的价格，会增加顾客对商品的敏感度。1969 年，劳伦斯·弗雷德曼在其著作《食品业心理定价法》中提出，顾客的心理价位可能与传统文化有着紧密联系。他发现有 80% 的零售食品的价格都是以数字 5 或 9 结尾的，将近 50% 的产品促销降价后的价格都是 5 的整数倍，而大多数产品打折后的价格却是偶数。

1981 年春天，爱德华·博莱尔和莱尔德·蓝登在《市场营销期刊》上发表了他们的研究结果，提出当存在一个公认价格标准可以与产品市场价进行比较时，消费者受到减价打折的影响将会更加明显。但是，有些时候人们会怀疑这个标准的真实性，他们会想：我是否真的占到了便宜？一项调查发现，有25%的价格基准长期以来一直受到消费者的质疑。

布莱恩·文森克曾对产品价格和销售形式做过一个有趣的实验。他发现，某种汤汁，如果每罐定价79美分，没有购买数量限制，那么一般消费者会一次性买3～4罐。但如果价格不变，限制每人一次最多只能买12罐，那么一般消费者会一次性购买7罐左右，这个数字几乎是原来的2倍多。同样地，"每4件4美元"的说法，比"每1件1美元"效果更佳。

不管如何，在你进行广告的制作前，务必再仔细阅读一下你的广告，看看有没有什么错误或遗漏。1993年，《波士顿环球报》上出现了一则美国大陆航空公司的广告，广告中波士顿到洛杉矶的飞机机票价格被错印成了48美元，而原价应该是148美元，公司因此损失了将近400万美元。

6. 特殊的包装

学会利用包装推销你的产品。1990年的圣诞节期间，可口可乐公司推出了每箱6瓶、每瓶6.5盎司的纪念箱装可乐，这些可乐瓶上全部印有圣诞老人的图像。安海斯－布希公司也一改往日的包装，分别推出了12瓶和24瓶的两种箱装百威啤酒，瓶子表面是克莱兹代尔马（一种著名的苏格兰纯种马）在白雪中飞奔的景象。"但是请注意，"立普森－阿尔珀特－哥拉丝联合公司的霍华德·阿尔珀特说道，"也只有大公司才有这个实力，利用产品包装或者外观的改变来提高产品的销量。"

这个方法看似简单，其实不然。在新包装的产品投放市场之前请记住，一定要先对你的新包装进行测试，否则后果不堪设想。在20世纪90年代，可口可乐公司曾经策划了一次名为"魔幻夏日"的促销活动，刚开始一切都进行得很顺利。后来有一天，意想不到的事发生了，一批碳酸饮料易拉罐上的部分装置发生了故障。这批饮料共有75万罐，可口可乐公司有史以来最大的一次推销活动，就因为这小小的失误而宣告失败。可口可乐的原意是想给消费者一个惊喜，设计人员将5美元到200美元不等的纸钞放在易拉罐内，只要一打开拉环，它们就会被弹出来。可是没想到一些易拉罐的装置却出现了故障。当时，有些孩子竟喝到了可口可乐公司以前的促销活动中用来代替可乐的饮料，另外还有一些孩子在打开易拉罐时，意外地看到了一卷美元翻涌而出。更糟糕的是，可口可乐公司还将这些有奖饮料发放给了记者，此举受到了公众的严厉指责。这所有的一切给可口可乐公司带来了巨大的经济损失。

类似的事情也发生在了塔可钟公司。有一个婴儿在玩耍时竟把该公司出售的水壶瓶口弄裂开了，还差点把里面的塞子吃了下去。在得知这一消息后，塔可钟立刻发出声明，并对已经进入市场的30万个塑料瓶进行回收。哈帝汉堡公司在得知有个婴儿曾差点将公司生产的玩具内的电池吞下去后，立即回收了市场上用于产品推销的280万件玩具。

7. 附带赠送和买一送一

当今世界，想让消费者对你的产品情有独钟是非常困难的。在广告中加入附带赠送的信息（肥皂买 3 送一；买空调，免费获得高级洗发水），可以起到不错的效果。

8. 顾客忠诚度项目

储金邮票当然是你的首选。1896 年，斯贝里哈特雀森公司曾在密西西比州首府杰克逊市发行过一种 S&H 绿色邮票，来奖励每一位忠实的消费者。通用磨坊公司在 20 世纪 20 年代创造出的贝蒂·克罗克这一人物，成为当时家庭主妇的完美代表。20 世纪 50 年代期间，众多香烟公司也通过在香烟包装内加入优惠券的形式，开始了建立消费者忠诚度的项目。

事实上，一直到 20 世纪 80 年代，消费者忠诚度项目才算真正开始扩散开来，而航空业则是第一个认识到其重要性的行业。

在 20 世纪 80 年代中期，顾客忠诚度项目得到了众多餐饮连锁店的青睐，其中包括万豪国际酒店集团、假日酒店和凯悦酒店。一项由雷迪森黄金海岸酒店进行的调查显示，70% 的旅游者都受到过此类项目的影响。

据估计，今天的加拿大应该有 60% 的人持有某种会员卡，而去美国的游客中 75% 的人至少参与了一个忠诚度项目。这类项目如此流行，是因为大家都有一个很重要的共识，那就是任何商业活动 80% 的收益，是由 20% 的消费者提供的。

而如果公司能够确保这 20% 的收益，那么公司亏损的概率就非常小了。

像20世纪80年代以来在加拿大实行的飞行里程积分卡计划、最优化计划和联盟航空计划等消费者忠诚度项目，不仅为它们的策划公司带来了更多的收益，也给了这些公司一次了解消费者的机会。泽勒斯购物中心的客户忠诚度项目开展已经15年了。Z俱乐部拥有将近100万的客户，而其中76%的人每个月都会到俱乐部进行一次采购。

加拿大轮胎公司发放公司货币这一颇具想象力的忠诚度项目，也是一个非常成功的例子。从1985年开始，80%该公司所发行的货币得到了消费者的使用。据估计，现在在加拿大流通的"轮胎"货币约有2亿。同样，有人也提出过用邮票来代替美元的想法。不管哪一种方法，其目标都是一样的：让每一个消费者都成为你的回头客。万艾可公司曾推出了一种价值卡，只要是向公司定购满6次的顾客，第7次就可以享受免费定购的优惠。

9. 邮寄支票返还

这个方法现在正受到越来越多商家的欢迎，特别是在电脑部件的销售中，使用率相当高。邮寄支票返还的方法可以给公司带来巨大的利润。根据很多公司的内部记录，大部分的顾客都未向公司要求返还折扣部分的钱。

10. 抽奖活动

抽奖活动是一个很好的促销手段。通过抽奖活动，公司可以鼓动人们去尝试一种新产品，并激起人们的购买欲望。一直以来，商家总是想尽办法通过各种奖品来吸引顾客，如珠宝、旅行、奖金、信用卡、船只等等。

如果你想举行一次促销活动，那么卡夫公司、安海斯公司和美泰公司的教训可以作为参考——印刷过量的奖券。1993年，英国美泰公司在美国的分部声称只要消费者购买价格超过150美元的物品，就能获得免费的机票，结果竟有20多万客户前来抢购，公司只得被迫掏钱帮他们买机票。幸好该公司资金还算充足，勉强逃过一劫。

百事公司由于发布了错的中奖数字，使得菲律宾百事可乐消费者出现了80多万的中奖人。该跨国公司的这一举动引起人们强烈的抗议。结果，为了平息这场风波，百事公司不得不向每位中奖者发了20美元，并赔礼道歉。

另一方面，你也要确保为活动设置一定的中奖者数量。1992年，可口可乐公司曾在奥运期间进行过一次有奖促销活动，竟没有一个人中奖。

各种推销手段的出现正在潜移默化中改变着我们的购物方式。人们对信息、购买凭证、免费试用品还有俱乐部会员身份的需求，也促使推销方式不断地变化发展。研究发现，从20世纪80年代早期开始至今，顾客对产品的忠诚度一直在持续下降，这点的确令人担忧。约翰·菲利普·琼斯说过，现在的消费者经常购买的产品一般有5～6种，而不是特定的1种；另外，随着环境的改变，人们的喜好也会改变。

尼达姆哈珀研究显示，从 2012 到 2020 年的 8 年中，忠于某一名牌的消费者比例已经从 80% 下降到了 60%。天联广告有限公司也曾对 28 个国家的消费者做过一次调查，结果有 2/3 的人都认为，在给出的 13 类产品中，品牌与品牌之间的质量差别是可以忽略不计的。

据此来看，把过多的精力放在推销上其实并非明智之举。在短期内，打折或者其他推销手段可以增加产品的销量，但是从长期来看，它们就可能成为一把双刃剑。推销可以给你带来眼前的利益，但绝不是一个长久之计。

唐·舒尔茨教授曾说过："过度推销是非常危险的，你可能会因此毁掉整个产品的价格体系，同时消费者也会变得一心想着怎样贪便宜，而他们对产品本身的注意力就相对分散了。商家太过重视推销，造成的结果将会是灾难性的。人们不再关心这是胡椒博士、七喜还是可口可乐的产品，他们只对 1.09 美元的价格感兴趣。这样的一个市场最终会让品牌经销彻底地消失。"

《品牌管理报告》的编辑兰·戴金也说过："刚开始时，生产商对优惠券的发放是有选择性的，而现在却泛滥了——产品的推销面临失败时，优惠券便成了他们的救世主。这么做只会带来非常消极的影响。现在每个星期内，只要你的眼睛够敏锐，那么你就可以找到任何一类产品的优惠券。我认为这样的情况是非常糟糕的，消费者不再忠实于品牌，他们只是忠实于消费券而已。"

许多公司，如可口可乐、固特异、家乐氏、通用磨坊、菲多利、卡夫、雷诺烟草和宝洁等等，都意识到了推销并不能解决他们所有的问题。

麦斯威尔咖啡公司是另一个由于过度推销使得公司形象遭到破坏的典型。公司最后不得不减少了1750万美元的广告预算。

在许多公司开始将市场营销的预算转用于产品促销之后，美汁源的市场销售部门也开始了一段艰难的旅程。当时，美汁源的主要竞争对手纯品康纳公司的广告预算，正以每年3000万美元的速度迅速上涨。

在20世纪80年代，优惠券的过度使用导致了顾客对一些酒产品的忠诚度的下降。更令人惋惜的是，酒水产业原本一直想在公众心中塑造的一种华贵形象也因此毁于一旦。

可口可乐食品的消费者关系前高级副总裁皮埃尔·法拉利曾评论到："在我看来，广告就像火车的引擎一样。如果你把引擎拿走，虽然火车的确还能够前进一段距离，但是最终它还是会停下来的。"

所幸的是，各类促销至少在短期内还是有效的。但如果是做广告，那么你就需要有一个长期的规划了。根据《广告时代》杂志的统计，世界上65%的市场营销的资金都用于促销、公共关系、群发邮件以及赞助等方面。

研究表明，如果广告和促销的投入比例低于6：4，那么产品的长期销售量就会减少。我们知道，长期来看，广告可以塑造产品的形象，并稳定消费者对产品所持的态度。因此，合理分配广告和促销的预算绝对是经营管理中很重要的一环。

瑞典宜家公司是一个成功的例子，该公司一直坚持将市场营销预算的 65% 用于广告，25% 用于促销，剩下的则用于广播和其他外部媒介的推销。

固特异轮胎公司则更进一步，做出了一个惊人的决定：将促销暂时搁置于一边，全身心投入品牌树立的目标之中。固特异全球广告前副总裁詹姆斯·迪威尔曾说："我们在促销方面投入了太多的资金，这种不明智的做法应当得到纠正。"

美国著名连锁百货商店西尔斯也采取了同样的做法。管理视野部门零售信息体制前副总裁琳达·海德曾说过："现在消费者每天都能接收到从四面八方蜂拥而来的减价优惠信息，因此已经没有人再会对此大惊小怪了。"

1994 年的 4 月，通用磨坊公司从公司原本用于推销麦片的 6 亿美元中撤出了 30% 的资金，转投到了新产品的研发和树立品牌形象的广告之中。家乐氏公司也紧随其后进行了调整，不过比起前者，家乐氏更低调一些。

推销滥用给当时的商业界带来了很大的消极影响，甚至是像宝洁和麦当劳这样的跨国公司也没能幸免于难。1992 年 8 月，宝洁被迫宣布取消发放帮宝适和露肤一次性尿布的优惠券。1989 年，麦当劳推出了刮卡有奖的促销活动，可是结果却相当令人失望。

"我们发现，现在的消费者对于'走过路过，不要错过'这样的广告语已经是见怪不怪了。"福瑞特公司市场营销兼广告设计前副总裁道格拉斯·希克曼说道，"消费者变得更加精明老练了，他们知道，当我们所称的'世纪末大甩卖'结束后，下周还会有别的商家进行此类的促销活动。"

　　"一种将目光放在近期的销售量指标和额外利润的思想使得市场上的众多品牌受到了重大打击。"这是奥美广告公司前全球主席兼首席执行官格拉汉姆·菲利普斯的一番评论。上奇广告公司前主席毛莱斯·萨奇也表达过类似的观点："想要树立一个好品牌，那么长期广告宣传是必不可少的。"

　　根据盖洛普的调查，越来越多的产品或多或少都和彩票或者促销活动沾上了关系，这不但不能吸引消费者购买这些产品，反而使人越发反感了。尼尔森公司曾调查了862种袋装促销产品，结果发现其中超过一半的产品的销量与促销前相比并没有明显变化。另外，利润增长超过10%的产品只占了其中的10%。

　　到了1993年，根据三次调查我们发现，这一年的优惠券发行量竟然与上一年持平，甚至可以说还减少了一些。这是自1970年以来，优惠券的发行量第一次出现负增长。

　　然而，经过精心策划的促销活动还是有一定效果的。宝洁公司就曾设计过一则商品广告，鼓励消费者去寻找可以下沉的香皂。美国邮政局为了推销一款新发行的纪念邮票，发起了一次投票，让人们来决定邮票票面上是使用年轻的猫王照片还是年老的猫王照片。其间，邮政局直接邮寄出的设计图就多达 80 多万份。绝对伏特加公司的点子也非常新颖，通过邀请消费者用水彩画为自己设计的广告形式，该公司不但收集到很多创意，同时也让消费者对产品有了更深入的了解。

推销的形式多种多样，像兑奖券、打折、免费试用品和赠品只是其中的一些。推销可以帮助你建立起一个数据库，用来记录消费者的姓名和地址。第一个奥林匹克追星族俱乐部是从 1994 年开始对外招收会员的，这一偶然的决定却在无意间为 1996 年亚特兰大奥运会建立起了一个数据库，将商家和消费者紧密地联系在了一起。

信息快递

·促销产品·

促销产品有以下两个优点：一、价格诱人，同时还能提升弱势媒体的影响力；二、使产品成为特定人群注意力的焦点。

20 世纪 90 年代最流行的促销产品是 T 恤衫、棒球帽、办公室装饰品和杯子。

研究表明，40% 购买促销产品的顾客在 6 个月过后仍然能回忆起当时看到的产品广告名称。更神奇的是，有 31% 的人在购买了受质疑的促销产品后的一年内，仍然坚持使用这些产品。

对比广告，让你的优势更抢眼

对比广告于 1930 年首次出现在美国。那时西尔斯公司设计了一则广告，将其生产的轮胎和另外 8 个国际知名轮胎品牌做了一个比较。在 1931 年，凡士通公司效仿了西尔斯公司的做法，但是这则凡士通广告的刊登要求却遭到了许多新闻报纸报社的拒绝，其中就包括《芝加哥论坛报》和《纽约日报》。1 年之后，普利茅斯汽车公司也设计了一则广告，鼓励消费者在买车前要"货比三家"。同年 6 月，该公司的销售额就比去年同期增长了 218%。至此，对比广告便正式走上了历史舞台。

虽然至今一些公司和大型经销商对这种做法仍然没有多少好感，但是不可否认，在美国、加拿大、英国、瑞典还有澳大利亚，对比广告的确非常流行。

在 1964 年，薇奇和菲瑞斯两位学者估计，对比广告已占到广告总数的 15%。10 年后，这个数字上升到了 20%。到 1982 年，几乎 23% 的广告都以不同的形式使用了对比。很明显，那时的人们已经认识到了对比的重要性。

许多广告专家对对比广告的作用深信不疑。经验告诉我们，他们是正确的。百事可乐、汉堡王、赛文、卡芙芮和温雅公司都曾成功地利用对比广告，增加了销量。

这股对比风潮在政治运动中也发挥了一定的作用。1988 年，乔治·布什在竞选中胜出从而代替了迈克尔·杜卡基斯成为新任美国总统。布什的胜利其实在很大程度上归功于他的顾问罗杰·艾

力斯对杜卡基斯的负面宣传报道。这一类似对比广告的手段在
2004 年的加拿大联邦竞选时，也起到了关键的作用。保罗·马丁
所领导的团队也利用媒体的宣传，战胜了以斯蒂芬·哈珀为首的
保守党。

其实不管是在商业领域还是政治领域，使用对比广告的目的
都很简单：找出竞争对手的弱点并全力进攻。

凯尼恩埃克哈特公司前主席史丹立·田纳本说过："有些广
告商家并不知道何时或者怎样使用对比广告，但是我们不能仅仅
因为看到这些人的悲惨下场，就认为对比广告是没有用处的、难
以利用的，或者说对于商业运作，它将是一场灾难。这些想法都
是错误的。你不能看到几匹满嘴破牙的老马，就说这肯定不是场
精彩的赛马比赛。"

但是，喜欢这种广告风格的消费者的确不多。在一项调查中，
有超过 25% 的人都认为这种做法是不对的，因为这样的广告通常
是片面而没有充足事实依据的。另外，还有 37% 的人认为这样的
广告夸大了事实真相，有失公平，36% 的人认为广告商应该用产
品自身的优点来说服消费者，而不是通过贬低他人来抬高自己。
家乐氏公司的前主席兼首席执行官威廉·拉莫德就说过："对比
广告是一种懒人推销产品的方法。"

关于这个话题的书籍很多。所有的讨论最终都可以归结到下
面 2 个关键问题上：

①何时应该使用对比广告？

②何时应该避免使用对比广告？

对比广告这种推销方式的确有它的独到之处，通常适用于以下情况：

1. 如果你的产品只占了市场份额的一小部分，如果产品刚刚上市或者你的公司还没有什么名气

一个行业的领跑者总是处于一个强势的地位。如果要避免做无用功，那么首先你必须改变公众对领跑者的看法。泰诺林的生产公司就意识到了这一点，并对阿司匹林进行了负面宣传，称其可能会导致胃内壁疼痛。泰诺林现在已经是美国止痛药市场上的第一品牌，占据了30%的美国市场，其后是安诺星、拜耳、百服宁、伊克赛锭。泰诺林在原本由阿司匹林主导的止痛片市场中成功地崛起，这正是利用对比广告的经典一例。

2. 如果可以证明你的产品质量更好

列举出消费者为什么应该购买你的产品的理由，以及为什么他们不应该购买其他商家产品的理由。研究系统公司做过的一次调查显示，传达出品牌优劣信息的电视广告要比普通的广告更有竞争力，可以有效地说服观众。英国皇家化学学会的执行副总裁马克·格里森就曾这么说过："将其他优质产品作为自己的对手，进行对比参考，可以让消费者更清晰地看到你产品的优势。"

赛文公司近年来也设计了很多的对比广告，来宣传其打印机优越的性能。其中一则说的大意就是，赛文复印机比其他品牌的复印机更便宜而且更耐用。在不到4年的时间里，赛文的销售额

就从 6 000 万美元上升到了 2 亿美元,成了最大的复印机销售商。

在美国,汉堡王公司曾通过电视广告向大众展示了其汉堡精妙的制作过程,这则广告播出不久该公司的汉堡销量就一路飙升,成为名副其实的"汉堡销售之王"。同时在英国,汉堡王公司又利用广告向大众宣传,它的汉堡内所含牛肉量要比麦当劳的汉堡多出 41%。

精美的包装同样可以使销量增长。约翰·莱昂斯说过:"斯科普公司的新型塑料瓶,使它在和李施德林公司的市场份额争夺战中迈出了一大步。至今我仍然记得当时我们特地为产品设计的那则广告。场景设置在了一间浴室内,浴室地面铺着坚硬的瓷砖。我们以慢动作的方式,让斯科普的新型塑料瓶和李施德林的玻璃瓶同时从高处掉下,并将它们触地瞬间的画面定格。当然,最后你在画面中看到的就是一双赤裸的脚和四散的李施德林玻璃瓶的碎片了。"

3. 如果消费者对某个品牌并没有特别的偏好

对产品没有特别偏爱的消费者总是很乐意接受新信息的。

4. 如果你的预算比竞争对手要少

对比广告让你可以和产业中的领头羊平起平坐,正像汉堡王和麦当劳的情况一样。

5. 如果你的公司是比较广告的受害者

如果你受到了来自对手的宣传进攻,那么你必须做出回应,抓住机会澄清事实,只有这样你才能最终占得先机。

说来简单,可是怎么回应呢?其实过程是相当复杂的。正像拉里·赖特所说的那样："如果一个行业的领跑者对某个对比广告做出了反击，那么它就等于承认了原来那则广告的确刺中了它的要害。历史告诉我们，人们就是这么认为的。当你在做出反击的同时，你也就大大提高了原来那则攻击你的广告的可信度。"

可口可乐在受到百事可乐的多次宣传进攻后，被迫做出了回应，可是就在可口可乐做出回应之后，百事可乐公司在达拉斯市的市场份额就从8%上升到了18%。

当然，也有少数例外的情况。艾威斯公司的宣传攻势使得赫兹公司的市场份额在6个月内下降了10%，但是赫兹的反击也为它挽回了5%的市场份额。这个例子告诉我们广告是否能影响市场销售，还要看顾客的实际反应如何。

6. 如果产品是你的原创

与老产品相比，新产品总是更容易被人接受。"无铅汽油""无糖咖啡""不含添加剂"这些宣传语，其实都是在拿新老产品进行比较的例子。

7. 工业广告

如果读者倾向于用逻辑的方法来分析你的广告，那么在广告中把自己的品牌和其他品牌进行比较通常会有很好的效果。

8. 当所有其他的办法都失败了

对比广告将是你最后的王牌。在经历了多次失败的宣传之后，威达决定重新设计一则广告，和对手进行一次公平的比试。这则广告出色的设计，使威达的优越性得到了充分的宣传，威达的销售额也因此迎来了一次飞跃。不久，威达就坐上了行业的第二把交椅，同时抢占了 10% 的市场份额。

9. 如果竞争对手遇到了困难

曾有人在装有毕雷矿泉水的绿色塑料瓶中发现了致癌物质苯，而毕雷的竞争对手却没能抓住这个机会一举击垮毕雷公司。Trout&Ries 广告公司的合伙人之一阿尔·里斯随即指出，这是市场竞争中不该有的仁慈。"错，错，错。击败敌人最好的时机就是敌人遭遇不幸的时候。可能有人会认为这是不道德的，但是，想要击败'冠军'，这就是唯一的出路。"

在发现一些公司生产的塑料瓶的苯含量的确存在超标现象后，毕雷立刻召回了分销到世界各地的所有毕雷矿泉水瓶。此次事件一共耗去公司约 2.6 亿美元的资金。

第三章
什么样的广告图像最抢眼

什么样的图像最抢眼

过去 20 年，广告界的重大变革大多是由图像引起的。

不管你喜不喜欢，我们现在就生活在一个表象决定一切的世界里。在政界、商界、体育界和营销界，形象都扮演着很关键的角色。

如果运用得当，图像可以是强有力的说服工具。研究表明，能回忆起以图像为主的广告比能回忆起以文本为主的广告的读者多出 41%。换而言之，用图像说话是很重要的。

通常，广告中的图像是消费者注意到的唯一元素。Starch 所做的一系列研究证实了图像的力量：44% 的读者注意到了广告，35% 的读者能说出广告商的名字，而只有 9% 的人阅读了一半以上的广告文本。

克莱德·珂赛特认为，同广告文本相比，广告图像有两大优势："首先，图像所包含的信息是以光速传播的，而文本信息的理解是以声速进行。其次，图像将信息传达的象征元素同原物体融合在一起。穿着名牌衣服的女士希望获得如广告图像所宣传的诱惑力。"

广告商很早就知道这样一个事实，即消费者实际在购买形象。早在1917年，广告人沃特·迪尔·斯格特就认识到，广告不是要劝服人们去购买商品，而是要通过广告形象，向消费者提供建议。

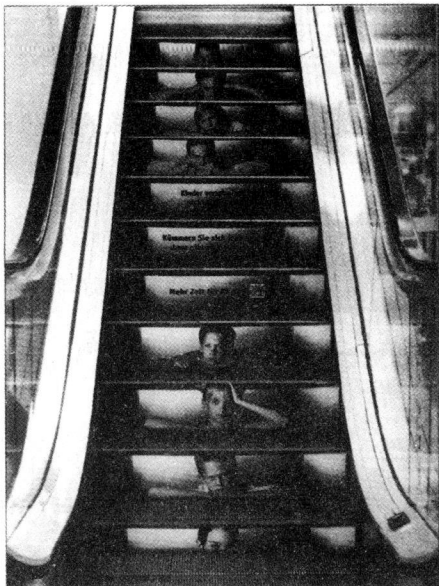

○在一个信息超负荷的社会里，图像远比书写的文本更能吸引人们的注意力。因为，和文本不同的是，图像是以光速传递信息。

拿破仑曾说："要想催眠大众，就看着他们的眼睛说话。"这条原则同样适用于广告。

欧洲共同体共使用12种不同的语言。在这个共同体里，政治和社会的方方面面都可能被推进用图像进行沟通的潮流中。欧洲广告公司协会会长罗纳得·比特森这样说道："广告就意味着对非言语交流更多的重视，即通过视觉理念、视觉标志来跨越国界和语言的限制。"

本章将关注更多有效的广告形象问题，并且向你展示如何在成功的广告宣传中使用这些形象。

· 图像的作用 ·

电视

视觉图像是电视商业广告的关键。尽管在理解信息时，声音也很重要，但它所提供的帮助却也非常有限。

在电视上做广告绝不宜长篇大论。你的广告成败与否就看广告开始的 5 秒钟是否吸引人。

为了检验这一招是否有效，你可以选择一组受众，让他们在关掉电视声音的情况下观看你的广告。如果他们不能获得任何信息，那你就要重新设计你的广告了。

电台

有的广告专家可能会告诉你，在电台播放广告会不那么有效，因为电台没有图像。但是，他们却忘了，若要勾勒一幅南部海滩的图画，没有什么比播放一段热浪拍岸的声音更有效的。

电台是梦幻的。它通过语言、音乐和静音创造不同的氛围和意境。听众在电波声中憧憬这些场景，渐渐陶醉其间。此刻，听众不是用耳在聆听，而是乘着想象的翅膀在翱翔。

广告牌

对于平面广告，读者还可以花点时间停下来仔细阅读。广告牌就不同了，它只有一两秒吸引观众的时间，这就意味着公共场合的广告牌要能非常吸引眼球才行。

广告牌对图像质量的要求比其他任何媒体都高。

杂志

杂志有助于打造品牌形象，它能传达出精致与美妙的信息。

杂志被认为是极富影响力的媒体，同时也是信息的可靠来源。

日报和周报

你的产品图像必须占据尽可能大的广告版面。几年前，在报纸上作广告，你可以不用任何图片，但在当前的情势下，这已经行不通了。

网络

因特网是个了不起的媒体。它能提供无限吸引注意力的视觉途径。有的软件还可以制造动画效果，比如飞机飞过广告横幅，或者一群人跳舞，等等。

如何吸引眼球

要想吸引眼球，就要以广告形象说话，吸引观众的注意。如果做一则广告要花5个小时，那么你应该花4个小时来挑选形象。

Benson&Bowles 前艺术副总监罗伯特·普里斯根曾说："和电视一样，以后所有的平面广告都会是图像，而且，图像越大越亮越好。以后可能在底部一些不太显眼的地方，才会有一行文字。"

以下是提高广告图像效力的10种方法。

1. 展示产品

让你的产品尽可能地成为图像的焦点。在约翰·卡伯斯的《测试过的广告方法》一书中，他提到了其他有效的图像："产品的图像；正在使用中的产品的图像；使用这一产品的人的图像；使用这一产品所得回报的图像。"

新产品刚上市的时候，广告的主要目的就是让公众知晓你的产品。因此，在广告的图像中应该展示产品的包装。

2. 将人的因素融入其中

展示那些使用该产品的人。出现人的广告比没有人的广告更能吸引人们的注意力（平均高出 2 倍）。

面部会吸引人们大部分的注意力。广告研究专家皮埃尔·马汀诺这样解释说："在广告中，身份认同是进行劝导和示范极为重要的途径。如果产品的受众能同广告中产品的使用者产生身份认同，那么他们就会融入这种场景、感同身受。而这一过程恰好就是了解产品和信赖产品的过程。——广告里的人物应该是像你我这样的人，这样我才能想象自己处于相同境况时的情景；或者是一些你我所敬仰和想成为的人。没有这样的人，购买者在想象自己使用该产品时就失去了参照。"

通常情况下，人们更关注与自己同性别的人的图片。女性观看其他女性图片的比例比男性观看女性图片的比例高出 33%，而男性观看其他男性图片的比例则比女性观看男性图片的比例高出 50%。

·运用一些能引起共鸣的画面·

从 20 世纪 50 年代早期开始，"共鸣"一词就风靡了整个广告界。史蒂芬·贝克认为有效的广告画面应该引起人们的共鸣。关于如何制造能引起人们共鸣的画面，史蒂芬提供了下面 6 种方法：

1. 使用受众熟知的、能够辨别的一种活动。

2. 使用受众能认出的那些面目和善、比较年轻的广告模特。

3. 广告不要激起关于任何不愉快的场景的联想。

4. 广告不要与受众的道德敏感相冲突。

5. 广告中不要表现那些复杂的、难理解的和冗长乏味的内容。

6. 承诺广告中的产品或者服务会满足受众的愿望。

7. 广告中的男（女）主角应该是受众一直梦想成为的角色。

对广告的研究表明，人们更喜欢看那些以年轻人做模特的广告。同时，人们也喜欢看那些与自己同性别，但比自己年长的人做的广告，或者是比自己年轻的异性做的广告。

如果你的目标受众是小孩子，那么要避免展现幼稚的画面。最好用一些比他们年长的人。要是你在为选择男孩还是女孩做广告模特伤脑筋，那么听听迈克可伦或者斯皮尔曼的建议吧。他们

○画面中展现一些众所周知的人物，这样做，广告的吸引力会高出2倍，并且更容易被人们记住。

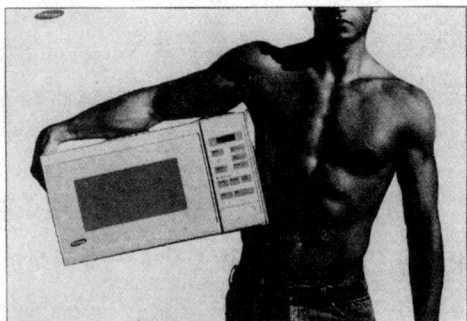

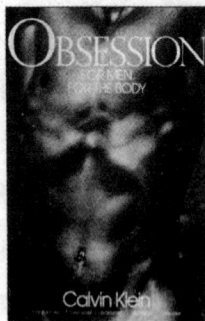

○这两则广告在建立、重复和强调一种观念，那就是男子气概。在广告中，男性是行动的代表。近来的一些广告中，男性也无形中扮演起性对象的角色。

认为，用男孩子做广告的效果更好。但是，如果你的产品是面向年长的受众，那么你可以选择比他们年轻 10 ～ 15 岁的人做广告。调查结果显示，多数年长的人都认为自己比实际年龄小、思想也更年轻。因此，广告中要避免"老气"，多展示一些老年人慢跑和修剪园艺的场景，而不是让他们烘烤食物或者做针线活。

为什么广告中很少出现不同种族的人呢？（一项研究显示，只有约 9% 的广告使用了不同种族）。这个事实是否表明广告商都是种族主义者？

只有像贝纳通这样的少数几家广告商参与到探索种族关系这一主题中。当美苏两国的冷战慢慢缓和的时候，贝纳通的广告中

〇尽可能在广告视觉中展现"人性"。

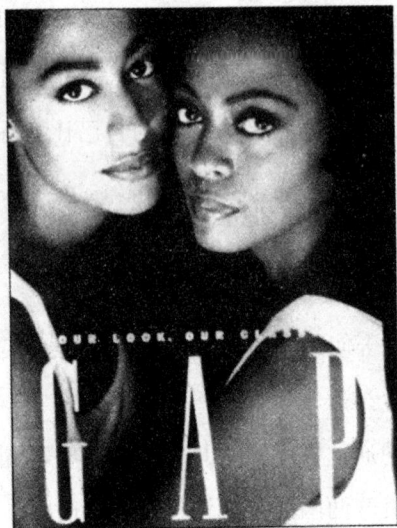

○广告画面中使用不同种族的人物模特可以提高产品的辨认度。

率先同时出现了一个"苏联孩子"和一个"美国孩子"。画面中同时还出现了一个以色列人和一个巴勒斯坦人使两国开始摆正其态度。

广告专业人士早就知道，消费者的行为是由其所处的文化氛围决定的。这种文化可以概括为具体的价值观、评价标准和语言。将你的广告与具体的文化相结合，这可以增加你的销量和利润。为了达到文化认同，在广告中可以使用那些具有明显特征的种族的模特。研究发现，白种人对以白种人做模特的广告反响更热烈，而黑种人对以黑种人做模特的广告反应更积极。

然而，有些明星却可以跨越文化的限制。Jell-O 的代言人比

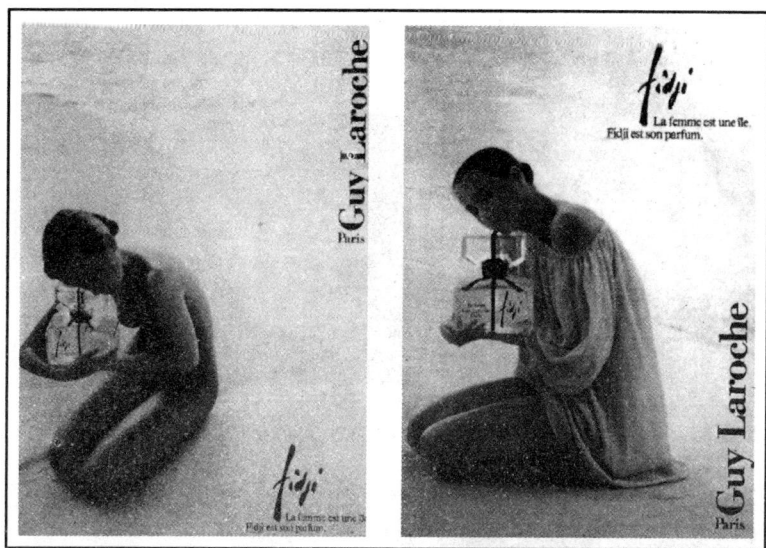

○广告画面包含自己特殊的语言。其中的一系列标志就能表达和定位一种理念。
左图：是欧洲版的产品理念。右图：加拿大版。尽管两幅图中模特的姿势相似，但后者却不再是裸体。

尔·考斯比、百事的雷·查尔斯以及佳得乐的约翰逊就是这样的例子。

　　一则广告在一个市场上反响好并不代表其在其他市场上同样受欢迎。几年前，健怡可乐的一则电视广告中出现了大峡谷和一些典型的美国画面。但是，法国的消费者却认为这些画面"美国味"太浓了。于是，广告商决定删除一些美国画面，更换成其他的画面。

　　澳大利亚橄榄球明星杰考代言的永备电池销量大增。但是，这个广告在美国却遭受打击，因为，美国的消费者认为杰考太有攻击性。

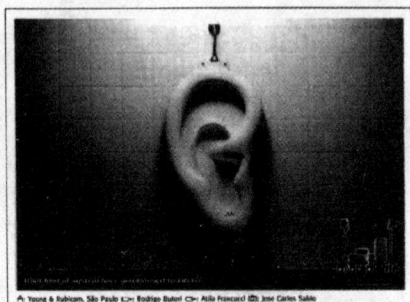

○这样的视觉效果总会让人对你的广告形象眼前一亮。

·广告无处不在·

电视	电影院	T恤衫
电台	电梯	电影和电脑游戏
报纸	计程车	咖啡杯
杂志	地铁	
广告牌	火车	比萨盒
网站	飞机	文身
运动场	电话	足球场、曲棍球场和棒球场
公交车	停车计时器	
栅栏	明信片	
卫生间	杂货袋	

3. 使用照片

如果你的印刷质量差强人意，那我建议你在广告中使用照片而不要用图画。简·玛斯和肯尼斯·罗曼这样写道："平均来看，使用照片的广告和使用图画的广告，能记住前者的受众人数比后者的人数高出 26%。"然而，在下列情形中，你却最好使用图画：

◇为了渲染一种轰动的生活环境。

◇为了展现某种面部表情或者传达某种情绪。

◇当产品的目标受众是年轻人，且你希望使用幽默之时。

不管你的广告是采用照片还是图画，都应该适当地着重凸显自己。因为，在到处都充斥眼花缭乱的信息的今天，人们很容易忽略一张图而直接看下一张。

4. 使用虚拟人物

使用人物或者动物来代表一种产品，其效果明显较一般的产品广告要好。克莱德·霍普金斯说："让一个人物角色出名，就是让他所代表的产品出名。人们才不关心什么生产公司厂家，他们在乎的是人及其所取得的成就。"

在广告界，通过虚拟人物角色而使产品出名的例子不胜枚举，包括品食乐步兵、万宝路牛仔、托尼虎、可霖先生、来自格莱得的男人、杰米玛姑姑、贝蒂妙厨、美泰修理工、快乐的绿色巨人等等。

使用这些人物做的广告都很成功。在1985年进行的民意测验中，95%的女性购物者都能叫出熟悉的光头可霖先生。他就是广告中所称的能把厨房地板打扫得"锃亮锃亮"的人。但是，只有56%的人表示能认出时任美国总统的老布什。

麦当劳大叔是世界上最出名的虚拟人物之一。这个有名的小丑于1960年在华盛顿首次亮相。数年以后麦当劳公司已经在这个小丑角色上投入了大笔的广告预算。曾经有一段时间，该公司打算将麦当劳小丑改变成一个牛仔，后来又打算将其改换成一个宇航员，但是，公司最后仍然决定保持麦当劳的小丑形象以留住年轻的消费者。美国96%的小孩子都认识麦当劳大叔。

麦当劳公司市场调查部所做的研究表明，小朋友们越喜欢麦当劳大叔，他们越有可能把麦当劳当成他最喜爱的快餐馆。

　　卡夫创造了 Kool-Aid 棒球手这个人物，从而扭转了 Kool-Aid 水晶球销量下跌的局面。此前几年，弗吉尼亚州萨福克的学生安东尼奥·金缇勒画了一个后来名声大噪的人物形象——花生先生。而他当时只得到了 5 美元的酬金。

　　骆驼乔伊这个人物形象也帮助骆驼牌香烟成功转型，从一种过时的香烟品牌转变成如今大受欢迎的香烟品牌。但是，这个人物形象也遭到了美国外科总会和美国医药协会的批评，两家机构宣称根据调查结果，这一卡通人物鼓励了年轻的烟民们。骆驼乔伊这个卡通人物出自英国一位插图画家之手。1974 年，他为了一场法国骆驼运动而创作了此卡通形象。该卡通形象于 1987 年引入美国，出现在庆祝骆驼公司成立 75 周年纪念的广告中。

　　桑德斯上校是广告史上最出名的人物形象之一。1955 年，桑德斯上校在高速路旁开了一家小的炸鸡餐馆，后来被迫关门。他不得不说服其他一些餐馆尝试他的新炸鸡配方，3 年后，他开始出售该配方的特许经营权。

　　Washburn Crosby 公司在推出其金牌面粉的广告宣传后，关于其烘烤的质疑铺天盖地。之后，该公司在 1921 年创造了贝蒂妙厨这个人物。公司想通过创造一个虚拟的厨房专家来与消费者进行更贴心的交流。贝蒂妙厨（BettyCrocker）的姓"Crocker"取自公司退休的一位主任，而"Betty（贝蒂）"这个名字是加上去的，

○一幅图画可以助你描绘具有特定的外貌特征的人物、表现一种情绪或者表达一种怀旧感。

○你可知道我们所熟悉并且喜爱的圣诞老人形象是可口可乐公司缔造的吗？1931年，可口可乐公司正在寻找适合在冬季推销其产品的途径，找到了瑞典的海顿·珊布，希望他能画一个圣诞老人喝可乐的形象从而增加其产品在圣诞节期间的销量。珊布对原来的圣诞老人形象做了些修改：增加了些体重，改穿了一套红白色的服装（可乐产品的颜色）——而不是他传统的蓝、黄、绿服装。珊布开始用可口可乐销货员作为原型，但是当这个销货员去世以后，他不得不另外寻找原型。由于没有找到合适的人选，他最后决定以他自己的外形来创造一个圣诞老人的形象！

因为这样听起来更"友好"。

这么多年来，贝蒂的形象几经修改以反映女性地位的变化。至今，贝蒂的形象已经做了8次修改，从1936年时一个古板的银发老人变成了今天橄榄绿肤色、有着乌黑头发的贝蒂。现在的贝蒂形象是电脑技术的杰作。

在布朗尼纸业使用布朗尼这一人物形象后30年，这位银色头发、健壮的男人变成了一头乌黑头发的"都市玉男"形象。

怪人赫伯是少数没能成功打入市场的广告人物之一。1986年，汉堡王创造了这个长着大眼睛的、不讨好的赫伯形象，它还花了4000万美元的巨资来为其做宣传，但却以失败而告终。原因是消费者把这个脾气暴躁的老赫伯与典型的汉堡王顾客联系在一起。

十大广告形象排行

1. 万宝路牛仔——万宝路香烟

2. 麦当劳大叔——麦当劳餐厅

3. 绿色巨人——绿色巨人蔬菜

4. 贝蒂妙厨——贝蒂妙厨食品

5. 劲量的兔子——永备劲量电池

6. 品食乐步兵——品食乐分装食品

7. 杰米玛阿姨——杰米玛阿姨牌烤饼混合料和糖浆

8. 米其林宝宝——米其林轮胎

9. 托尼虎——克烙格

10. 艾斯尼奶牛——伯顿奶制品

来源：《广告时代》

---

5. 正面"秀"出这个人物

在决定你的广告人物的定位之前，必须确保你的每一次选择都富有意义。

乔治·蓬尼诺认为展示广告人物有3种方法：正面展示、侧面展示和双人近景法。

◇正面展示。不管是说话、交谈还是恳求，这个人物都是直接面向受众。这种正面展示的广告人物是吸引注意力最有效的方法。

◇侧面展示。此时的受众则变成了观看眼前所发生一切的一名观众。

◇双人近景。这个人物要表达他的细微的心理状态，或神秘、或诱惑、或自恋、或内向、或念旧、或神游、或不确定、或敏感、或有自知之明。

美国的牛奶广告很多年来一直沿用一些非常简单却引人注目的正面照片。照片中是某电影明星、体育明星或者歌手长出了"牛奶胡子"的形象。

6.传达一种动感

赋予你的插图一种动感，因为动态的物体比静态的物体更能吸引人们的注意力。

你可以运用下面的技巧来传达一种动感：

◇暗含动感的图像总能吸引人们的注意力。

◇使用一套照片，每张照片描绘一个动作的关键时刻。

◇通过物体的运动来模糊其形象——或者使用照相机。你可以采取模糊处理背景，从而突出前景的方法，反之亦然。

◇使用在运动中某个关键时刻拍下的清晰照片，让受众一看就能在心中留下很深的印象。

人们会本能地观看任何运动的物体。运动物体对我们眼睛的吸引就跟光对飞蛾的吸引一样。

7. 使用常规大小的图片

人们喜欢看那些轮廓清晰的物体。调查发现，矩形图片比其他不规则形状的图片更能吸引人们的注意力。此外，矩形图片也让人们觉得更可信。

很多研究表明，人们不愿认为周围的环境毫无秩序，一团糟。我们会不断地寻找那些我们所熟悉的、轮廓简单的几何图形，比如三角形、正方形和圆形。

8. 使用紧致的画框

画框可以让你强调图画中的某些细节。下面是给图画设画框的 7 种方法：

◇远景。包括一些广袤开阔的景观，比如沙漠或者一个或几个人居住的地方，这些人看起来十分渺小。

◇中远景。此时可以将你的广告人物置于适宜的背景中，但是这样的背景空间应有限，比如一个房间、小房子的一面墙等。

◇中景。从上到下展现你的人物，以突出他的总体身体语言。

◇中近景。将镜头
凑近你的人物，以便受
众更好地了解他的活动。

◇半身近景。拍摄
一两个人物的头部和肩
膀。另外一种半身近景
就是拍摄人物的自腰以
上的部位。

◇特写镜头。特写
人物的脸部。

◇大特写镜头。描
写细节所用的方法。用
这种紧致的框架，就可
以把与你要传达的信息
无关的部分排除在外，

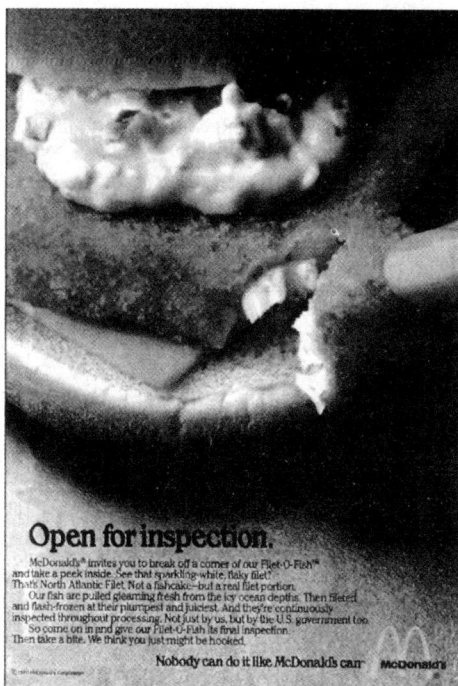

Open for inspection.
McDonald's® invites you to break off a corner of our Filet-O-Fish™
and take a peek inside. See that sparkling-white, flaky filet?
That's North Atlantic Filet. Not a fishcake—but a real filet portion.
Our fish are pulled gleaming-fresh from the icy ocean depths. Then filleted
and flash-frozen at their plumpest and juiciest. And they're continuously
inspected throughout processing. Not just by us, but by the U.S. government too.
So come on in and give our Filet-O-Fish its final inspection.
Then take a bite. We think you just might be hooked.
Nobody can do it like McDonald's can McDonald's

◇近景还是远景？这取决于你的目标是什么。如果你想突出产
品的某一个特征，那么最好使用近景。

从而增加信息传递的准确性。

斯塔奇注意到那些成功的广告都会使用参照元素。一家美国
快递公司的广告就使用这种技巧。在广告中，一个威利鞋匠和威
尔特·张伯伦并排站在一起。

9. 不要离题

广告应简单为宜。一定要让你的照片与你的广告文本传达出
相同的信息。比如，如果你写的是"喝啤酒让你重新焕发活力"。

那么你展现的照片就应该是一瓶冰镇啤酒。重复同一个信息可以帮助人们了解并且记住你的产品。

奥美公司所做的一项研究表明，市场有 1/3 的广告人们难以理解。在研究中，超过 40% 的人认为君度酒的广告是在推销一种沐浴油。更糟的是，45% 的人认为一个银行的广告是在推销手提箱。

2001 年"9·11"事件之后，零售商卡马特使用了一张非常简单的图画。它在《纽约时报》和《华盛顿邮报》的整个广告版面上印了一面美国国旗。只在左下方用很小的字体写了"剪下国旗，帖上窗户，拥抱自由"。这张图画不仅激发了人们的想象，也很容易被人们理解。结果，上千名纽约人真的把那面国旗从报纸上剪下来，贴到了窗户上。

信息快递

·诚信文本·

经过加工或者使用了技巧的照片在过去几年中曾引起了很多令人尴尬的事情。以下就是几个例子：

◇沃尔沃汽车曾在拍摄时为了增强拍摄效果而使用了一种特制的增强型底盘。

◇金宝汤公司为了使汤看起来色泽均匀，曾在碗底放了大理石块。

◇百慕大旅游部在广告中使用了一些海岸的图片。不幸的是，这些图片都不是在百慕大拍摄的。使用的第一张照片拍的是在夏威夷海滩上的女人，另外两张则分别是在佛罗里达拍的一位游泳者和一位潜水者。

在这之前，一家广告公司为了节省几千美元，就用在夏威夷拍摄的照片来为澳大利亚做宣传。糟糕的是，好几个旅游者认出了夏威夷的这个著名沙丘。

10. 广告要与众不同

现在的广告满天飞，广告质量也参差有别。要在这样的广告环境中获得人们的关注，那么你必须得切中要害。1968年，哈佛商学院教授奥古斯丁·保尔和斯杰克莱商学院市场营销学教授史蒂芬·格雷瑟预计，北美的消费者每天都要看上百个广告。25年之后，麦肯纳集体咨询公司的前总裁兼首席执行官瑞吉斯·麦肯纳认为现在的人每天都会看到3000多则广告。

艾得曼·威廉·伯恩巴赫曾经说过："为什么别人要看你的广告呢？受众们看杂志、听收音机或者看电视可不是为了要听你说……哪怕你说的东西都是正确的，但是没有人听又有什么用？相信我，如果你所说的内容没有新鲜感，没有创新之处，缺乏想象……不是与众不同，那么没有人愿意听你的。"

大多数的广告作者通常会通过头脑风暴获得灵感。头脑风暴最初由埃里克斯·奥斯伯恩创造，基于一个简单的想法——

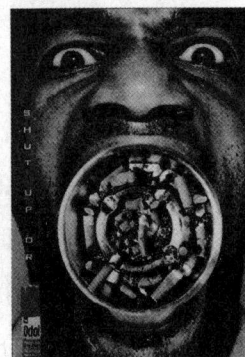

◇令人震惊的图像总能最有效地吸引人们的注意力。

小组工作能刺激竞争，而头脑风暴可以产生很多不同的想法。它能让参与者提出很多的观点，尤其是当讨论的问题简单而具体的时候。

然而，头脑风暴也要遵守一些基本的原则。首先，参与者不得批评别人的意见。其次，想法越多越好，不要为想象设限。再次，一个观点应该有助于探寻其他的观点。因此，头脑风暴本质上就是一个团队活动。

◇想让你的受众注意到你，那就向他们展示新颖的东西吧！

广告设计者所面临的挑战更大。他们既要吸引消费者的注意力，又要让广告能被大众理解。这可不是件容易的事。

什么样的主题最吸引人

如果想让你的广告奏效，首先必须有人停下来看你的广告。正如维克多·斯佤伯所说："没有人阅读就没有人买；没有人看见就没有人读；没有人注意就没有人看。"受众们偏好下列11种照片：

1. 新婚夫妇
2. 婴儿
3. 动物
4. 名人

5. 着奇装异服的人

6. 相貌奇异的人

7. 有故事的照片

8. 浪漫场景

9. 大灾难

10. 热点问题

11. 记录生命中重要时刻的照片

男性喜欢动物的照片，尤其是体形较高大的动物的照片。女性喜欢婴儿或者小孩的照片。男女受众都喜欢看名人照。

要吸引别人的注意力，广告中就应该出现婴儿、小孩或者性感的女人，这点人们很早就知道了。不管是米其林轮胎、麦当劳还是土星汽车的广告都证明了，出现婴儿的画面能够抓住观众的注意力，从而大幅度提高销量。

但是有人看你的广告并不意味着你的广告就可以推销你的产品，只有在你的广告理念和产品之间有联系时才可以。用婴儿的形象来推销电脑就不如用动物的形象推销洗洁剂的效果好。

靓丽的广告模特有用吗

广告模特的选择取决于你要推销的产品类型。贝克和丘吉尔认为，如果你的产品与诱惑性无关（如咖啡），那么使用漂亮的女模特也毫无用处。但是，如果你的产品与性吸引有关（如香水），那么靓丽女模特的效果就很好。

有漂亮女士出现的广告对你的产品能产生奇特的效果。根据史密斯和恩吉尔所做的研究，与那些相貌平平的女士相伴的汽车相比，有美女同时出现的汽车会让人觉得更具吸引力、更年轻、更快捷、更昂贵、更有力也更安全。

多项研究都证实，人们往往把诸如才华、和蔼、诚实和聪明等品质同俊男靓女联系

◇广告专业人士都清楚公众很喜欢婴儿、小孩和新婚夫妇的照片。

在一起。外貌漂亮的人在别人看来更迷人、更热忱、更外向。

像迪奥、华伦天奴、恩加罗和路易·威登这样的品牌常常会使用那些性感十足的广告模特。但是这个策略并非总是奏效。美国的广告人士梅杰·斯特得曼给一组男士看性感女士的照片，另一组的则没有。过了一会儿，斯特得曼发现，这些被试很难记住那些用漂亮的、穿得很少的年轻女人做广告的品牌名称，而那些用比较中性的形象的则更容易记住。韦恩·亚历山大和本·朱得

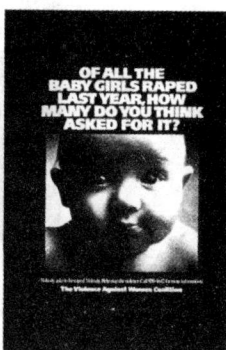

◇这两则广告都使用了性欲来吸引大众的兴趣。

◇仅仅是通过性来吸引大众的注意力，这种广告的收效甚微。

通过研究得到了相似的结论。

"在广告中使用性当然能吸引公众的注意，"丹尼尔·霍华德博士在南卫理公会大学教授消费行为课程，他这样评论，"但是这也只限于那些与性相关的产品。事实上，性也可能产生消极的影响。吸引了公众的注意并不意味着能提高销量。"

最近的一项研究表明，广告商若以基于某种固定性别的广告来推销其产品，那么它很可能错过一些机会。因为很多产品一旦统治了一个性别的市场，那在另外一个市场的销量将大大滑落。

信息快递

·能刺激销量的形象·

能够刺激销量增长的形象数量屈指可数。

◇部分的产品实物。这种形象能让受众关注到你产品的某一方面具体的特征。如果是竞争中脱颖而出的产品，那么这种方法也有效。

◇产品用途。这能让公众对你的产品产生兴趣。同时也能让受众识别你的产品。还有，必须保证产品形象的设计直截了当。

◇示范如何使用产品。如果你的产品刚刚问世，或者消费者误以为你的产品很难使用时，那么用这种方式最好不过了。

◇从产品使用中获得的满足感。所有的广告最好都能展现通过使用你的产品而获得了愉悦感。这样的广告形象可以展示产品于消费者有何益处。

◇产品本身。这是最简单的广告形象。如果你的产品有吸引力且风格独特，位于同类产品之首（比如豪华轿车的性能），那么这种方式是理想的选择。

◇产品包装。如果你的产品包装新颖、少有人知，那么这种方式就显得很重要。

明星效应

明星推荐的广告收效甚好。大体上讲，明星能增加人们对产品的认同和信任。Video Storyboard Tests 对 30 000 名消费者所做的一项研究发现，1986 年的 10 ~ 25 个最畅销产品均使用了名人做广告。

美国播出的商业广告中，1/5 的都使用了明星。这是有原因的。根据 Starch 的研究，用名人做广告的数量比不用名人做广告的数量高了 13%。这样的广告不仅能吸引大众的注意力，获得认同感，而且能得到大多数受众的喜爱。

耐克公司自从 1985 年与迈克尔·乔丹签订了广告合约以后，在全球的销量上涨速度非常惊人。

甚至连一些大的化妆品公司也使用电影明星而不再使用名模代言产品。当波姬·小丝在广告中说出了那句"我和 Calvin 亲密无间"的广告词后，CK 牛仔裤的销量上涨了 300%。

使用名人做广告的 10 大理由：

1. 当产品只因名人而存在时

这种例子包括詹妮弗·洛佩兹的 Glow 香水，兔八哥的维生素。

2. 当这位名人很好诠释了你产品的特性时

确保你所用的明星和产品以及产品的目标受众之间有联系。如果这种联系非常明显，那么你的宣传就会很成功。这样的例子包括凯瑟琳·德纳芙和香奈儿 5 号香水，汉克·阿龙和冠军的早餐。

然而，一些"过时"的明星推荐则效果平庸。这样失败的例子很多，其中包括格雷斯·琼斯做的本田摩托车广告、大卫·科波菲尔德做的柯达广告、杰克·克拉格曼做的佳能复印机广告、伯特·兰卡斯特为 MCI 公司做广告、柯克·道格拉斯为 Sperry 做广告，皮特·瑟勒斯为 TWA 做广告。

当比克剃须刀公司签约 J. 麦肯罗的时候，大家的热情都非常高。麦肯罗是明星球员，人们也很喜欢他野性的打球方式。但是，这个大明星并没有帮助比克公司提高剃须刀的销量。事后回想的时候比克公司才意识到，原来麦肯罗在大型循环赛中常常都不刮胡子，因此电视上的他总是留着三四天没修过的须茬。

生产止痛药的 Datril 公司好不容易劝服约翰·韦恩为它的产品做广告。Datril 公司的人都认为这是他们发财的时候了，但是消费者们并不买韦恩的账。事后的研究发现，公众很难将这个著名的牛仔形象与头疼脑热联系起来。

希尔斯曾试图用雪洛儿·提格丝为其服装产品做广告，但是这一招并未取得预想的结果。据爱尔文·爱申鲍姆回忆："提格丝既不出名，也与服装界没有任何联系。她不过是在一些廉价的超市化妆品行业小有名气而已。"

但是，威尔福德·布雷姆利和桂格燕麦粥的结合却立即取得了成功。这个代言人为该产品树立了牢固而又健康的形象。

伯特·拉尔为乐事做的广告以及艾弗里·斯克瑞伯为多力多滋代言的广告都取得了很好的成绩。原因就在于零食本来就需要用幽默的方法来阐释。

其他很多明星也提高了其代言的产品的销量：卡尔·曼尔顿代言的美国运通公司；凯瑟琳·德纳芙代言的香奈儿 5 号香水；杰克林·史密斯代言的威娜宝；沃森·威尔斯代言的保罗门森；汉克·阿龙代言的"冠军早餐"；乔伊·纳玛斯代言的剃须膏。

3. 如果这位代言人被认为是这一领域的专家

专家代言比普通的人做代言要赢得更多消费者的信赖。生活中有很多这样的例子，比如：安德鲁·阿咖司代言耐克；韦恩代言的 Daoust 溜冰鞋；斯迪弗·格拉夫和斯第凡·艾德伯格代言的阿迪达斯；迈克尔·乔丹代言耐克。

4. 如果你想不惜代价获取名声

Friedman and Friedman 的例子就证明了名人做广告是提高产品知名度的捷径。有个像保罗·纽曼这样的名人为美国运通公司做广告，这就能保证了产品广告的受关注程度。

"我们利用加菲尔德的明星魅力让人们注意到我们的广告，并对大使套装有一定认识。加菲尔德表现得非常好。"VP营销的迪也格·加里多这样说道。

明星真正保证的是让人们能注意到你的广告。在这方面，女明星做广告的效果比男明星的效果要好。

百事公司聘请麦当娜为其代言，结果迅速成为美国最热的电视广告。

然而，也有研究显示，尽管人们留意到了广告中的明星，但是他们却不能记住他代言的产品。McCollum Spielman是纽约一家通讯调查公司。它所做的一项研究发现，以是否提高了品牌知名度和改变受众对产品的看法为标准，用名人做的广告只比平均数值高出了41%，收益低于投入。

5. 如果你想打入新的市场

在产品打入新的市场时，选择当地的明星做代言是必须的。篮球队员姚明就帮助美国的一些跨国公司打进了中国市场。苹果、Visa、佳得乐、可口可乐、耐克等公司都签约这位休斯敦火箭队的中国球星为其产品做代言。

6. 如果你想获得年轻受众的青睐

1983年，查理斯·阿特肯和马丁·布洛克就名人对消费者的影响进行了研究。其中，他们发现明星在向青少年推销酒精饮料上非常有效。

他们因此得出结论：明星代言酒精饮料对青少年受众非常有效，而对年长的人其效果就非常有限。对青少年来说，名人的影响范围扩展到了产品的信息和产品本身。

当斯皮尔伯格的电影《外星人》中外星人吃了李斯牌花生味巧克力豆后，这一产品的销量在 2 个月的时间里就飙升了 70%。

7.如果你想要做一个令人愉快的、生动活泼的、富有现代气息的广告

最受欢迎的大众娱乐就是那些歌手、演员们。柯达广告中的迈克尔·兰登、Jell-O 中的比尔·考斯比、可口可乐中的惠特妮·休斯顿和百事广告中的蒂娜·特纳。

卡通人物巴特·辛普森帮助提高了奶油手指巧克力棒的销量。根据雀巢营销部主任鲍勃·斯匹尔瑞回忆，"当时人们觉得奶油手指巧克力棒已经过时、没有特色。于是我们就努力将该品牌的特色与巴特那种对人不敬、爱搞恶作剧的个性联系起来。"

卓别林《流浪者》的形象是 IBM 公司一场最有效而且最有趣的广告宣传中的关键人物。这次广告宣传，目的就是要解绑 IBM 的科技形象，从而重新定位这家公司幽默有趣的一面。

8.如果你在推销某种服务或者推动很重要的事情

杰瑞·刘易斯原来主持了一档每年一次全天候播出的为肌肉萎缩者募捐的电视节目。很多年来，这档节目已经募集到了几百万美元的资金。

9.如果人们对你的产品兴趣不高，或者产品有风险

明星可以帮助你抚慰消费者紧张的神经，并且引起他们对产

品的好奇。美国名模克莉斯汀饮用安豪泽－布施的自然轻度啤酒的事实就足以吸引人们去尝试这种产品了。

通过让流行歌手马基·马克摆一些姿势，CK 内裤的销量就上涨了 40%，而该产品平时的利润非常小。

Jockey 一直聘用前篮球明星吉姆·帕尔莫。Fruit of the Loom 的广告则以前"Hill Street Blues"的演员艾德·玛瑞纳罗和达拉斯队明星帕特尼克·达弗为其代言。亨氏所用过的产品代言人包括迈克尔·乔丹和当时的芝加哥公牛队队员。

对于金融机构或者服务机构而言，一个强大而又坚毅的代言人能增加人们对产品的信任。这条原则适合于服务行业、公共机构、慈善组织等。比如，达拉斯牛仔队的教练汤姆·兰德瑞。他在为美国运通公司的广告中和华盛顿红肤队的足球队员们一起出现。

10. 如果你的目标受众过于宽泛或过于狭隘

不管是那些目标受众超过百万的产品，还是那些为一部分受众精心设计的产品，作为产品代言人，他都能传递一种强有力的、连续一致的信息。

但是，也会出现另一种情况。如果一个名人代言了很多种不同的产品，那么他的可信度和对销量的影响也会逐渐消失（比如奥克兰侵略者队的教练约翰·麦得、芝加哥熊队的麦克·迪他卡）。

约翰·豪斯曼为 Smith-Barney、Puritan 食用油、普利茅斯汽车和麦当劳等公司都做过代言人，但是这也损害了这些公司的信用度。这样重复地代言这么多产品，人们无法将这位明星同某一固定产品联系在一起。"这样高的镜头曝光率会让观众觉得困惑，不知道他到底代言的是什么产品。" McCann-EricksonWorldwide 的副主席巴利·得这样说。这样频繁代言不同的产品会让消费者觉得困惑，最终也会损害这位明星所代言的这些品牌。

信息快递

·几个产品代言人·

克莉丝汀－阿奎莱拉	维珍移动电话
碧昂丝	百事可乐
大卫·保维	大众
科比·布兰恩特	耐克
肖恩·康姆斯	麦当劳
史鲁普·多格	诺基亚
勒布朗·詹姆斯	耐克
杰西卡·辛普森	必胜客
布兰妮	马自达
斯汀	美国运通公司
贾斯汀·汀布莱克	麦当劳
小威廉姆斯	耐克

如果你不得不同另外的产品分享同一个产品代言人，那么你应该在更长的时期内经常重复传达你产品的信息。除了乔丹（他曾为包括可口可乐、麦当劳、耐克和佳得乐等在内的14家公司做过广告代言）和泰格·伍兹（他代言过别克车、美国运通、耐克和迪斯尼等公司的产品）这样的例外，名人代言太多品牌的产品最终会减弱产品的信息。

在某些特定的产品市场，如果过多地使用明星代言还会造成混乱。1989年，可口可乐、健怡可乐、百事可乐、健怡百事就曾用过30多个电影明星、运动员、音乐家和电视名人说服消费者购买更多的可乐产品。然而，大多数的消费者都记不清楚到底麦当娜和唐·约翰逊喝的是可口可乐还是百事可乐，或者两种都喝了。时事通讯《广告时间》的前主编戴夫·维得尔哈认为，尽管广告中到处都是明星，但是根据调查结果，消费者虽然记住了这些名人，但却没有记住他们传达的产品信息。

名人的推销效应偶尔也会失效。很多年以来，法比奥这个长发男人就一直是传奇小说领域里的明星。只要书的封面出现他的照片，那么这本书的销量就会上涨40%。但是当他为一款人造黄油产品做代言时，销量并没有上涨。此时，法比奥的明星光环就已经黯然失色了。

近来，体育明星并不受广告的青睐。根据消费者网络的一项调查，大多数的被访者对做代言的明星评价都很消极。超过74%的人不愿看到体育明星出现在广告中，他们觉得这些明星都是自我为中心的、被宠坏了的人。

没有一个明星敢保证他们能不惹上暴力、性丑闻或政治丑闻。很多牵涉这样丑闻的明星也会给他们代言的产品抹黑。比如：

◇七喜：弗里普·威尔逊（Flip Wilson）因可卡因交易而被捕。

◇马自达：本·约翰逊在首尔奥林匹克运动会上服用类固醇药物的丑闻被披露。

◇吉列：凡妮莎·威廉姆斯的裸照出现在《阁楼》杂志上。

◇哈德瓦：苏珊娜·桑姆斯的裸照出现在《花花公子》杂志上。

◇百事：迈克·泰森因强奸被起诉。

◇西格兰姆：当布鲁斯·威利斯被关进劳改所。

◇牛肉业：塞必尔·谢弗得告诉记者她从来不吃红色肉产品。

◇象牙雪：玛丽琳·布瑞格成为艳星。

泰森殴打他的妻子罗宾·吉文斯，撞了一辆汽车后逃逸。这样的报道公布于众后，健怡百事、雷诺和3M公司立即终止了让这位拳王代言产品的计划。

为了避免因明星丑闻而受到的消极影响，你可以选择使用多位名人的策略。和代言人签订合约，以便让你的公司在遇到这样的困难时能迅速斩断与该名人的联系。下面就是一个范文：

自本协议执行后，若我们的客户和公众认为该产品代言人的实际行为或者被曝光的行为有损于客户的利益，令我们的客户难堪，或者与公司的利益冲突、损害公司名誉、与产品的市场定位不一致时，我方有权以书面通知的形式终止这份协议。

在极少数的情况下，明星的丑闻能增加广告的收益。迈克尔·杰克逊因丑闻付出了高昂的代价。但是随着他代言的百事广告在世界各大媒体的播出，百事公司却获得了上百万美元的收入。

美国运动员代言数量的减少反映了人们对这些以自我为中心和唯利是图的运动员日益高涨的抵制情绪。乔伊·曼迪斯认为，由于美国运动员"无运动员风格"的行为，尤其是美国篮球队的一些负面行为，助长了人们这样的情绪。

棒球明星似乎尤其受到冷落。"我们看看棒球界的这些大明星吧——乔司·坎赛科、韦德·伯格斯、汉德森、罗杰·克莱门斯。还要说吗？他们不是广告商们的理想人选。"美国伯恩斯体育名人服务公司的主任纳佤·兰克特雷这样说。

"现在广告商对于请体育明星做代言都很谨慎。他们担心他们高价请来的明星今天还帮你推销产品，但是第二天，他就被罚款或者朝八岁女孩吐口水。"富康广告公司的高级广告文案鲍勃·多弗曼补充说。

不管是什么原因，很多公司都更喜欢用过世的明星或者虚构的人物（比如兔八哥和米奇老鼠等）来宣传他们的产品。和那些过世的明星一样，卡通人物通常不会带来负面的影响。

·过世的名人·

健怡可乐曾经用已故的艾尔顿·约翰和詹姆斯·卡格尼、路易斯·阿姆斯特朗以及亨弗莱·鲍嘉共舞的画面做广告取得了巨大成功，此后，可口可乐公司又用同样的方式做了一系列的广告。利用已故的名人做广告之风也迅速蔓延开来。随后，科技的进步使得广告商能够随意拼接已故名人的电影胶片，就像 Coors 广告中的约翰·韦恩。其中最难忘的例子就是 Dirt-Devil 广告中使用的弗雷德·阿斯泰尔的舞蹈场面。

《福布斯》杂志每年都公布"已故名人收入排行"。尽管这些熟悉的面孔已经不在，但他们仍然在"赚钱"。该杂志 2004 年末公布的年度榜单中，上榜的 22 位已故名人过去一年的收入均超过了 500 万美元。

猫王以 4000 万美元的收入高居榜首。《福布斯》认为他的这些收入并非来自他音乐唱片的销售，而是猫王公司通过授权一些公司使用猫王形象做广告，以及收取参观猫王故居的费用所得。根据《福布斯》的数据，该公司一共授权了包括 Zippo 打火机在内的 100 家企业使用猫王的形象。

在《福布斯》2005 年公布的公众最喜爱的已故名人排名中，露西尔·鲍尔、鲍勃·霍普和约翰·韦恩名列三甲。尽管猫王的收入最多，但他在这张榜单中只位列第 12 名。排名前 15 的还包括詹姆斯·史都华、凯瑟琳·赫本和活宝三人组等。

来源：《广告时代》

图像里的科学原理

对人类感知的一些研究已经指出了人们解读图像的某些原则。比如，研究者发现，读者不会持续地详细"扫描"一页的内容，他们的眼睛时常在不同的事物之间跳跃，以找到适合他们的内容。事实上，读者会因下列原因而在一个事物上停留：

◇我们的眼睛倾向于在四个点之间来回移动。这些点包括与页面四边平行的直线的交点。我们的视线会在页面长宽的 1/3 和 2/3 处来回移动。

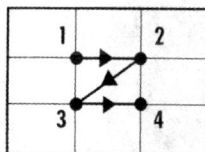

◇视线以顺时针方向移动。

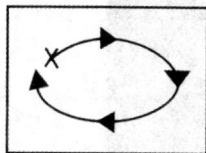

◇视线停留在图像左上角的时间较长。

◇人们首先会看人物，其次看那些运动物体，比如云朵和汽车，最后才看静止的物体。

既然现在人们习惯从左到右、自上而下看物体，那么根据这一视觉移动路线设计图片就很有价值。

成功设计图片的 9 个小贴士

1. 一次展示一个产品

2. 照片中只出现 6 ~ 7 个元素

3. 直截了当

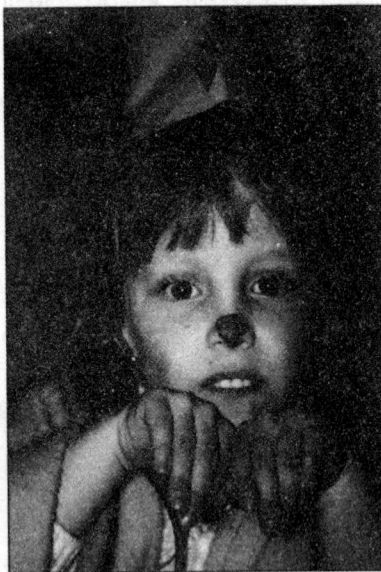

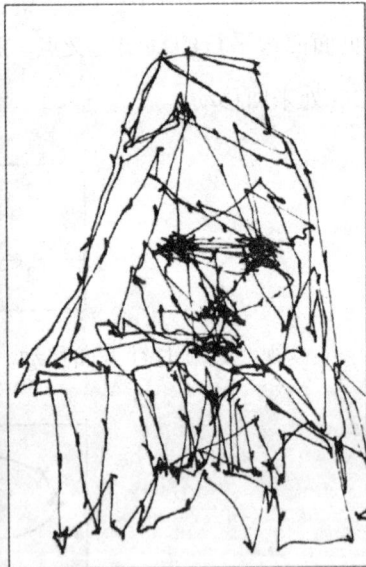

◇对人类的认知所做的研究已经发现了人类观察图像的一些主要原则。比如，科学家发现人们并不是连续地"扫描"图片，他们的视线不停地在跳跃，看看停停。正如上图所示。人们会特别关注人物的鼻子、嘴和眼睛。

4. 简化背景

5. 展现关键物体

6. 让这个物体远离中心

7. 使用不同的角度

8. 小物体俯拍，大物体仰拍

9. 确保你的照片看起来要专业

既然消费者喜欢看图像中传达出的信息，那么广告中就要有画面。

亨瑞·乔恩尼斯曾说，出现下列 3 种情况时，你可能不必使用图片：

◇宣布一件非常严肃的事情。

◇提供图片会不符合礼仪规范或者道德原则。

◇你要传达的信息非常新颖，用文本就足以完全说清楚。

但是实际的情况是，10 次中有 9 次你都需要使用图片。杰伊·查特是 20 世纪最具影响力和最有创新意识的广告人。他这样说过："事实上，随着产品日益成熟，人们也能够理解这是什么样的产品。这时需要得更多的是想象而非信息。你不再希望只看到文本，而是希望看到更多的图像。"

"随着人们对更快捷、更广泛的全球沟通需求的增长，"凯斯·瑞恩哈得说，"我们需要具有创新意识的人才，他们了解图像和符号的力量，也必须具备敏锐的视觉。不久，这就会成为我们雇用职员的一个附加条件。"

图像有着较文本一个很大的优势：它能及时传达广告信息。

广告专业设计 7 法

广告设计的根本目的就是让广告简单易懂，以便更好地传达信息。下面是 7 种设计方案，可以教你如何根据实际需要来组织标题、文字、图片和标识。

1. 落地窗式

这是最流行的一种设计方案。图像占去了广告 2/3 的空间，标题占去一行，文字内容可以分成 2 ~ 3 栏。

要使用这种设计，最好将整个广告版面设计成垂直的形式，图片放在上面，标题紧跟在图片下方正中，文字则放在标题的下面。这样的设计，总能收到很好的效果。

而在使用水平式的排列（图片和文字分在左右两边）前，你就需要慎重地考虑了。人们通常习惯把文字说明放在图片的下方。如果文字在图片的左边或是右边，那么有些人可能就不会去阅读这些说明了。在多芬乳皂的广告由垂直式变为水平式之后，其阅读人数百分比从 64% 骤降到了 50%。

哈佛广告标杆文案
撰写技巧及实例全书

2. 突出标题式

这种设计通过突出标题来吸引读者，通常可以用于航空公司、银行、电脑公司和保险公司的广告中。

3. 文字主导式

如果一则广告的文字是表达信息和传达理念的关键，那么你应该用这样的设计。这种设计突出了正文，而图片只占很小的一部分空间，标题也只有 1 ～ 2 行。

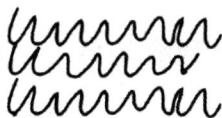

4. 圆周式

尽管外观一般，但是这样的设计可以将广告中的每个元素很好地组织在一起，产生意想不到的效果。设计的主旨就是通过各个元素的完美搭配形成一个和谐的整体。

5. 方框式

这样的设计看上去就像一个加上了修饰边框的表格，中间的文字被各种各样的图片所环绕。对时尚物品以及珠宝首饰的广告来说，这类设计是再合适不过了。

6. 侧面剪影式

在这种设计中，文字沿着产品图像的轮廓而形成自然的环绕。酒类或者化妆品

的广告适合使用这类设计。

7. 五彩缤纷式

图片主导，所用版面纸张要比普通纸张大一倍，这两个特点使这类设计可以在视觉上形成一种强烈的对比，从而吸引读者的注意力。这类设计通常可以使用在汽车的广告中。

如何确定版面大小和格式

广告为产品带来的效益，很大程度上取决于其版面的大小。版面越大，那么广告就越能吸引人们的注意力。

《广告研究杂志》上曾经刊登过这样一个研究，菲琳·特洛达尔和罗伯特·琼斯测试了4个因素（版面大小、产品类型、文

字和插图的比例以及广告正文所列出的要点数量）对广告阅读人数的影响。结果显示40%的人认为版面大小是决定性的因素，而只有19%的人认为产品类型才是关键。另外，还有39%的人认为广告的艺术效果最能吸引人们的注意。

广告的版面大小和它能赢得的关注程度之间存在一定关联。跨版广告总能比单版广告引来更多的关注，正如单版广告会比半版式广告更具吸引力一样。但是，版面的大小与广告受到的关注程度并不成正比。

在对报纸杂志广告的研究中，我们发现了一个定律：如果想让广告受到的关注程度增加 1 倍，那么就必须把广告版面增大到原来的 4 倍。

虽然跨版广告制作成本昂贵，但它还是得到了众多专家的推荐。在大量发行的杂志中，跨版广告的阅读者比率要比单版广告的阅读者比率高 25%。在商业杂志中，这个数字达到了 37%。盖洛普和罗宾逊就曾说过，跨版广告可以充分展现产品的地位和威望。

出版物的形状大小不会影响广告所能带来的收益。研究员劳伦斯·尤林曾对一则刊登在《读者文摘》（小型）上的单版广告和一则刊登在《生活杂志》（大型）上的单版广告做了阅读人数和记忆人数的对比。结果发现，两者并没有明显的差别。也就是说，读者判断一则广告是否值得阅读、是否会给他们留下深刻的印象，根据的并不是其绝对大小，而是这则广告对出版物规格尺寸的一个相对大小。

广告所能带来的效益有时会受广告自身形状的影响。斯塔奇曾拿出一则打印在单栏内只占半页的广告和一则同样大小的方形广告做了对比，结果发现前者的受关注程度以及阅读人数都要比后者高 29%。

一则广告的版面越大，认为设计这则广告的公司可靠而有信誉的人就越多。亚力克·班在其著作《27 个广告最常犯的错误》中写道，读者常会把广告的大小和公司的规模扯上关系。换言之，读者脑中有这样一种假设：小公司做小广告，而大公司做大广告。

在工业产品领域中使用大型广告，效果要比在商业产品领域中使用大型广告好。

如果你准备在杂志上做一则横跨两页的广告，就要确保将你的标题、文字还有插图安排得宽松些，不要挤在中间的空白区域。

如果你的广告需要读者翻页阅读，那么一定要确保为广告设置一个衔接点。可以通过商标名称的重复出现、省略号的使用、伸展标题使其覆盖前后两页或者在每一页都使用同样的背景这些方法。

广告放置的最佳位置

一流的选位不一定可以挽救一则设计糟糕的广告，如果你想展开一场大型宣传，并且也愿意多掏些钱出来，那么下面几点可以作为你的参考：

1. 出现在杂志封面、第一页或最后一页的广告要比出现在杂志中间的广告受到更多的关注，通常前者的阅读人数要多出 30%。

2. 出现在杂志封底的广告，其阅读人数要比杂志内的广告阅读人数多64%，尽管封底阅读人数比不上封面，但还是比内文要多。

3. 出现在杂志前10%部分的广告，其阅读人数比平均值高出10%。

4. 出现在杂志前7页的广告，会得到很多人的关注。

5. 如果想让人们记住你的广告，那么请选择杂志的封面而不是封底。大量研究告诉我们，尽量不要选择杂志的后半部分，特别是后1/4的部分来刊登广告。

6. 斯塔奇最近一次的研究表明，出现在杂志前1/3部分的广告和后1/3部分的广告相比，前者的阅读人数要比后者多出12%。

7. 广告是刊登在左边页面还是右边页面，其读者人数没有区别。但是，鲍勃·斯通说过，若是在直复营销中，那么将广告刊登在右手边的页面可以使回馈单的数量增加15%。

8. 如果大部分的广告都出现在了杂志靠前和靠后的部分，那么这时候杂志中间部分就成了刊登广告最佳的位置。

9. 出血广告（为使裁剪时不露出白边而将色位向外拉的设计方法）的阅读人数通常会比较多。

10. 在页面顶部出现的广告，其阅读人数要比出现在底部的广告多一些。

11. 能提供一些小秘诀或者关于优惠活动内容的广告，其阅读人数通常要比平均水平高一些。同时，一项对女性读者的研究发现，在女性眼里，那些宣传有奖活动的广告并不比标准广告有吸引力。

12．如果杂志中某一页的广告密度和其他页码不同，那么在这一页上刊登广告通常都会给产品带来不错的效益。

13．如果杂志中某一页使用的纸张比其他页码使用的纸张要小一些，那么在这一页上的广告一定能引来更多的关注。

14．杂志中折叠页面上的广告一般都有不错的效果。

15．尽管跨版广告的成本要比普通广告高出一倍，但它的确有其独特的魅力。一般情况下，跨版广告受到的关注度更高。根据盖洛普和罗宾逊的调查，这类广告可以引起读者对产品的重视，

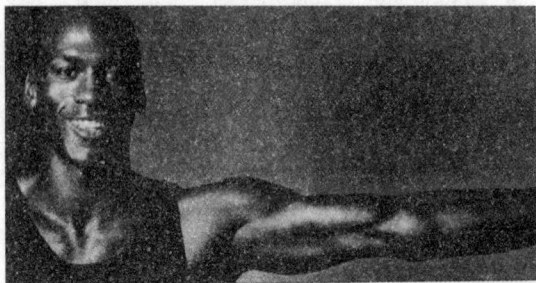

◇在杂志中夹入折叠广告，是一种很好的推销手段，特别是当折叠部分包含了广告所要传达的关键信息时，效果会更加明显。这则加得乐广告就是一个典型的例子。上一张：折叠部分未翻开时的图片。下一张：折叠部分翻开的图片。

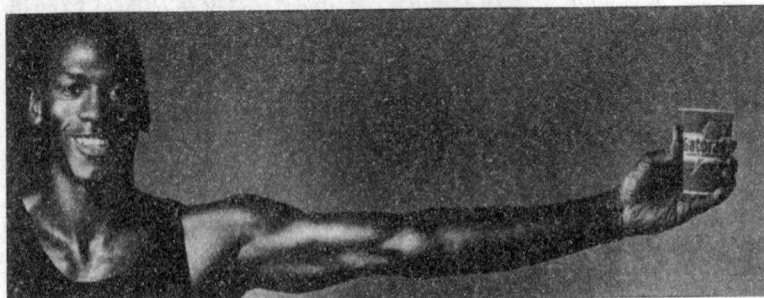

并提高产品在读者心中的地位。乔·马尼也曾回忆道："影响力研究已经证明，在引起人们对产品的积极反馈方面，一般情况下，跨版广告要比单版广告更胜一筹。"

16. 弹出广告（那些当你打开杂志时会自动弹出的，三维形式的广告）以及全息图广告的成本是非常昂贵的。但是同样地，它们也能产生相当积极的效果。贯美公司在1986年投资了300万美元（几乎是其总广告预算的35%），在《时代》杂志的中间部分刊登了一则弹出广告。为了在这份发行量达到600万册的著名杂志中刊登这样一则广告，该公司特别指派了560个人，共花费42万个小时才完成了所有的设计制作。事实证明他们的努力没有白费：96%的杂志读者记得看到过这则广告，91%的人阅读了超过一半的内容，更有69%的读者进而对公司产生了积极的印象。

17. 折叠插页作为一种传统的方法，能够很好地吸引读者的注意力。利用鲜艳的颜色、有趣的图示以及一些巧妙的手段，它可以使读者不由自主地去打开折叠部分一探究竟。如何成功地设计一则折叠插页广告呢？斯塔奇阅读测试提出了这样的建议：突出产品和商标。大多数折叠插页广告都会出现在封面翻开第一页的位置，而且是属于"单折"形的，一共有3～4面，朝外的一面属于"调味广告"，用于吸引读者，另有一面与之相对，剩下的2～3面被设计为一个整体来进行广告宣传，翻开"调味广告"你就能看到它们了。

18. 夹在杂志内的宣传册和微型指导手册经常能起到很好的推销作用。当然这么做必须以牺牲同一页内的其他广告为代价。一本8页的约翰·汉考克指南给40%的读者留下了深刻印象，一本美国书商协会手册给50%的读者留下了深刻印象，一本凯马特公司关于冬奥会的宣传册更是将此数字推到了83%。

凯马特公司曾在一期时代杂志中夹入了一本冬奥会的宣传册，作为其整个宣传活动的第一步。公司的计划是突出这样一个信息：作为零售巨头，凯马特已经抛弃了先前的价格中心策略，开始向树立品牌品质的目标加速前进。根据贝它研究组织的调查，5/6的《时代》杂志读者都记得曾经在某一期杂志中看到了这个宣传册。

作为IBM公司广告宣传的一部分，IBM公司曾通过《时代》杂志分发过一本4页的宣传册。结果根据当时43%的时代杂志读者回忆，他们看到过这个宣传册，其中93%的人称他们曾阅读过这个宣传册。

在一项对托马斯J.立顿公司12页的宣传手册影响力的调查中，有38%的受调查者记得曾经看到或者阅读过这本手册，其中87%的人对它印象很好，59%则表示他们很有兴趣尝试一下立顿公司的新产品。

CK公司曾为了在《名利场》杂志中嵌入一本116页的折叠式黑白照片集，不惜斥资100万美元，以确保它能引起人们的关注。

但是，有一些出版社对这种利用"插入式"或者其他形式的广告抢占杂志宣传先机的做法非常反感，因为这些"入侵者"不但抢走了周围广告的风头，而且也影响到了杂志的叮读性。"插入式广告可能会改变整本杂志给人的感觉。"弗兰克·麦克纳马拉说道，"读者通常会首先翻阅杂志中插入的广告，这样其他广告被阅读到的可能性就下降了。"

19. 当你想要表现出产品功能的多样性时，倒置或者侧置的广告会是一个很好的选择。格伦莫尔酿酒厂以及希思黎的广告都是很好的例子。这种形式的广告给人一种暗藏玄机的感觉。

20. 全息图广告以及有声广告的成本相当昂贵，但是它们同样有着非凡的价值。1987年，凯瑞伦进口公司为了宣传其新产品绝对伏特加酒，设计了一则播放着《铃儿响叮当》音乐的广告。这则广告的制作宣传共耗资100万美元，而且只刊登在了两份出版物上。但是，据绝对伏特加的广告代理商理查德·科斯特洛透露，这则广告为公司节省了将近800万美元的宣传成本。

在1990年，绝对伏特加还设计过一则"会说话"的广告；芬兰伏特加也用过3D的全息图像来宣传自己。

第四章
如何运用色彩心理学打动受众

颜色的潜在含义

每种颜色都代表了人们不同的情绪。

1. 红色

多年来，红色的包装几乎在任何产品的销售中都曾使用过。这并不是什么巧合。红色天然就是一种推销色。它代表了爱情、温暖、感性和激情。同时，它也和变革、流血、残忍以及永恒的地狱之火有着某种联系。它是最强势、最动感的颜色，也最能够说服消费者行动起来。它还可以表达出一种征服的喜悦、革新的喜悦。

红色会使人血压升高、肌肉紧张或者呼吸急促。红色可以激起人们强烈的性欲。深红色代表了一种庄严、传统和醇厚；而暗红色（源于法国勃艮第省盛产的葡萄酒的颜色）则显示出一种奢华和高贵；樱桃红是感性的；普通的红色代表了活跃、力量、运动和强烈的欲望；而淡红色则是力量、轻快、活力、喜悦和胜利的象征。你可以在下面的情况中使用红色：

◇推销灭火产品。

◇推销任何一种显示男人气概的产品，如赛车、香烟或者刮胡膏等，因为红色能传达出一种男子气概。

◇推销那些消费者通常会冲动购买的产品，如巧克力和口香糖。

◇提供对各种食品的质量和价格的承诺；红色可以胜任任何产品的促销。

◇一般的通知和警告性质的倡议。

快餐店的老板经常把他们店内的墙面和地面刷成红色，这一做法充分利用了红色的特质。在这样的环境下，顾客的进食速度会更快一些，那么相同时间内商店能招待的顾客数量就增加了。

同样的道理，如果你是一个公司的老总，为了整顿公司内懒散的作风，防止职员们在上厕所时故意拖拖拉拉，那么你就应该把厕所内的色彩设计成以红色为主，而不是蓝色。

2. 橙色

橙色可以使人联想到温暖、火焰、太阳、光线或者秋天，同时带给人一种渴望、刺激和年轻的感觉。大面积的橙色可以在加快人们心率的同时，保持人们的血压不升高。橙色是一种极度随意的颜色，从不会和社会地位这类名词扯上关系。因此，它特别适合用来推销馄饨、精致食物、肉类和番茄类储藏品。

·颜色的作用·

电视

相对于其他媒体来说，电视广告有其自身的优势，它可以通过声音、图像、色彩和移动画面的精心组合，来达到吸引观众的目的。

广告牌

与众不同的颜色可以使你的广告牌成为焦点。

杂志

大多数的杂志都可以清晰地再现设计中所用的色彩。在杂志上推销食品、酒精饮料、服装还有信用卡时，考虑到这一点是很重要的。

日报和周刊

现代化设备的出现使得报纸上的色彩效果有了很大的改进。对于广告商来说，这可是一个好消息啊。

3. 黄色

黄色给人一种欢快、充满活力而友好的感觉。它代表着生活中的幽默和快乐。黄色看上去鲜艳而明亮，和橙色一样，它也能带给人温暖和启迪。当与黑色混合使用时，它能够很好地发挥吸引读者的作用。同时，黄色还可以使人联想到"廉价"。赛百味、麦当劳、喜瑞欧和黄色鞋子等著名品牌都利用了黄色的这一特质。另外，黄色还特别适合用于玉米、柠檬还有防晒霜等相关产品的推销。

4. 绿色

绿色使人感到宁静而安详。它可以降低人的血压，舒张毛细血管。绿色给人一种健康、新鲜和自然的感觉。这种颜色通常被用于罐装蔬菜和烟草制品，特别是那些含薄荷的产品的推销。

现在的绿色比以前更受欢迎了，因为它已经与生态价值以及环境保护紧密联系在一起。同时，绿色也代表了一种希望。伦敦的黑修道士桥原本是个自杀案件的高发地区，在桥身被漆成绿色之后，发生在那里的自杀案件减少了 1/3。

绿色包装的食品通常被认为是低脂肪、低热量而且含有丰富蛋白质的。因此冷冻食品的包装一般都采用绿色。

5. 蓝色

蓝色使人联想到天空、水、大海、开阔、空气和旅行。同时，它也和奇迹、自由、梦想和年轻有着紧密的联系。蓝色是一种安详、松弛而透明的颜色，可以给人一种安静、轻松和睿智的感觉，同时也代表着安全和保守。此外，蓝色还象征着财富、信任和安全感。

深蓝色是一种较暗的色彩，给人一种镇静而清凉的感觉，因此特别适合用于冰冻食物（让人联想到冰）和饮料，如啤酒、各种软饮料和瓶装水的推销，如果和黄色搭配使用效果更佳；绿蓝色是最冷的一种颜色。

奇怪的是，受到过去饮食习惯的影响，我们有时也会避开蓝色的食品和饮料。我们更偏爱那些坚果、植物根茎或者成熟水果的颜色，如白色、红色、褐色和黄色。

6. 紫色

紫色是一种带有冷色调的红色，不管是从色彩本身来看还是从对人的心理影响的角度来看，都是如此。这种颜色从某种程度上会使人感到恐怖和忧伤。由于紫色没什么特征，因此广告中很少会使用这种颜色，除非广告商只是想赋予产品一种高贵的气质。

7. 褐色

褐色总是会和大地、森林、温暖和舒适联系在一起。它代表着日常工作和健康生活。褐色表达了一种占有欲和对物质享受的追求，同时它也是一种男性化的颜色，给人一种专业而有品位的感觉。褐色可以用于任意一种针对男性的产品的推销。

8. 黑色

黑色会让人想到死亡、亲人的离去和孤独。黑色是夜晚的颜色，是一种不透明的颜色。它预示着没有希望或者没有未来。但同时，黑色也能给人一种高贵、显赫和优雅的感觉。这种颜色拥有着多重复杂的特征，因此特别适于宣传香水或是葡萄酒这类产品。

黑色在广告中的使用率非常高，因为它可以与白色形成鲜明的对比。而且，黑色还可以用来反衬周围的颜色。

叹呆广告@爆款文案
撰写技巧及实例全书

9. 白色

不管是哪种纯度的白色，都会给人带来一种沉默和冷静的感受。大面积的白色会非常耀眼。纯白色代表了一片空白，同时也给读者留下了无限的想象空间。

白色代表着纯洁、完美、时尚、天真、善良、年轻、平静还有安宁。白色就像是纯洁的化身，特别是和蓝色一起使用时，更是如此。同时白色也是任何一种颜色最好的搭配色，因为它可以使别的颜色显得更浓厚、更饱满。

10. 灰色

灰色传递出一种疑惑感。灰色本身带有的那种苍白会使人联想到恐惧、死亡和岁月的流逝。灰色也是容易显脏的一种颜色。但同时，带有金属感的灰色可以使人联想到力量、卓越和成功。

11. 粉红色

粉红色代表着胆小和浪漫。它可以让人联想到绅士风度、女性的温柔、爱情和亲密。

色彩的搭配

在设计广告牌或者平面媒体广告时，你需要谨慎地选择一种代表色。同时，你还得知道哪些颜色可以搭配在一起。单独的一对颜色并不能引起读者的兴趣，但是颜色所营造出的氛围却对读者有很大的吸引力。

下面是一些基础常识：

◇红黄搭配代表了一种对征服和新鲜事物的渴望。当你用红黄色搭配来推销一些与能源有关的产品，如燃油泵或者火柴盒时，这种色彩搭配对人们心理的影响便会充分地展现出来。

◇红绿搭配代表了对自我肯定、权威和安全的渴望。如果想让某些保养产品显得质量过硬、功能上佳，那么可以使用这个颜色的搭配。

◇红蓝搭配预示着对征服的渴望和对亲密、性的需求。这种组合很适合用在美容品的包装或者写情书的信纸上。

◇红黑搭配可以释放人们心中压抑的激情，一看到这种颜色，你就会感觉到内心情感翻腾不已，你知道一旦它伴随着攻击性行为爆发出来，后果不堪设想。"戏剧和电影中恶魔总是穿着红黑色的外套，"马克思·路斯切尔曾写道，"在他还没有说话之前，你就可以从外表看穿他的身份。"

◇黄蓝搭配动感十足。它让人联想到权力、效率、速度和活力。

◇蓝粉红搭配让人联想到柔软、童年和微风。它可以激发人们追求物质的本能以及保护他人的本能。这种组合非常适用于美容产品和儿童产品的推销。

◇红白搭配可以突出一种干净和健康的特质。

◇蓝白搭配给人一种新鲜和健康的感觉，让人备感清爽，心情愉快。

◇蓝绿搭配代表了宁静、新鲜和自然。

◇黑白搭配给人一种精确、庄严、别致而有品位的感觉。

吸引广告●最默文案
撰写技巧及实例全书

◇黄红蓝组合使人感到愉悦而充满活力。

◇黄红橙绿褐5种颜色的搭配会使人联想到兴旺、成熟的热带果实、灼热的太阳和远离尘嚣的宁静。

◇多种颜色的搭配可以给人注入一种动感和年轻的活力，使人心情愉悦。

色彩还可以表现出温度的高低。那些令人兴奋、动感十足的颜色——黄色、橙色和红色——看上去是温暖的。它们通过影响人体的交感神经系统和腺体的活动，使人血压升高、呼吸和脉搏加速。

相对来讲，蓝色、绿色和紫色会给人一种平静、悠闲而凉爽的感觉。它们作用于人体的副交感神经系统，分散人的注意力，缓和人体肺部和心脏的活动。

平均来说，你只有1/10秒的时间来让读者对广告产生兴趣。若想吸引更多读者，你就必须利用他们眼睛扫过广告的那一瞬间，抓住他们的注意力。在这一方面，有些颜色就要比其他的颜色更胜一筹。

一般情况下，暖色的吸引力更大，可视距离也更远。鲜橙色和橙红色是这类颜色中的佼佼者。如果使用得当，这两钟颜色产生的效果可以胜过其他任何颜色。但如果使用过度，则会使人感到焦虑不安。

这就是为什么橙色经常出现在削价的标签上的原因了。当然，偶尔地在不同的包装袋上以及城市主要干道路旁的广告牌上你也能看到它。

在黑暗中，红色的可见度是最高的，其次是绿色、黄色和白色。蓝色和紫色在光线不好的地方是最难辨认的。

当把互补色（如红色和绿色、蓝色和黄色、紫色和橙色）放在一起时，它们可以形成强烈的对比。红色在绿色背景的衬托下，会显得更加明亮一些。黑白两色的搭配也有同样的效果。因此肉店老板经常会把西芹放在肉的附近，利用它们颜色的对比，可以使肉显得更加新鲜。

颜色还可以改变人们对物体的目测重量。1926 年，卡尔·沃顿和艾伦·弗琳就曾在这方面做过一个总结，他们认为黑色是最"重"的颜色，然后是红色、灰色和紫色（三者并列），最后是蓝色、绿色、黄色和白色。在他们之后，法国的一位专家毛瑞斯·戴瑞贝乐做了进一步的研究，发现深色（含黑色的百分比很高的颜色）比浅色（含白色的百分比很高的颜色）显得要更重一些。

在美国一家工厂里做过的一个实验也证明了以上结论。当时，工厂把黑色的板箱都漆成了浅绿色，以测试每天在此工作的搬运工人对这两种颜色的目测重量，结果工人们都觉得箱子变轻了。

另外还有一项研究发现，浅黄色箱子给人的感觉要比黑褐色箱子轻些。在此项研究中，搬运人员分别搬运了同样数量的浅黄色箱子和黑褐色箱子，在一天的工作后，大多数都反应，搬运浅黄色的箱子要轻松一些。

深色还会使物体显得更小。如果把一个白色的字写在黑色的背景上，再把同样大小的一个黑色的字写在白色的背景上，那么前者要显得大一些。如果我们拿出 3 个同样大小的箱子，分别为红色、白色和蓝色，那么红色的箱子看上去最小，白色的最大，而蓝色的则介于其中。法国国旗上有三条彩带，为了使它们看上去一样宽，设计者将他们所占的比率分配成了：蓝色 33%，白色30%，红色 37%。

约翰·海格曾称"颜色的搭配可以使人产生各种错觉，这是有心理学依据的"。人眼在看红色和黄色时的焦点位置，要比看蓝色和绿色时更远一些。因此，当我们看不同的颜色时，我们的眼睛需要不断地调整焦距，来接收各种颜色发出的不同波长的光波。

色彩好像还能"移动"。作为一种活跃的颜色，白色总是给人一种向外伸展感觉，而作为相对消极的颜色，黑色就会给人一种内缩的感觉。红色可以使物体跃然纸上，而蓝色就会让你感到物体好像正在离你远去。

色彩还代表了不同的味道。黄绿色和微带绿色的黄色显得"酸酸的"。橙黄色和红色很"甜"。粉红色是"甜蜜的"，而蓝色、褐色、橄榄绿和紫色则显得"苦苦的"。黄色给人以"芳香"。灰绿色和灰蓝色则显得有点"咸"。

消费者有时还会把颜色和气味联系在一起。比如，橙色是"胡椒粉味的"，绿色则有"香料味"。紫色和淡紫色闻上去很"香"。

淡的、纯的而细腻的颜色会带给人一种香水般沁人的芬芳，而深的、纷乱的颜色则会让人联想到令人不快的气味。

颜色还和声音有一定的联系。紫色是铜管乐，黄色代表高音，而红色则显得非常吵闹。

在触觉方面，红色使人感到火热、方正而凸出。黄色则会使人联想到尖细的形状或者三角形。蓝色则代表了清爽、光滑、顺滑而丰满。

我们对颜色的特质做了这么多的介绍，只是想证实它们的确会对人的心理产生影响。事实上，这种影响通常都是微小的，因此光靠语言是没有办法进行准确的描述的。

为了让广告商不至于活得太累，同时也为了让芭比娃娃的粉红色还有 IBM 公司的蓝色标志能够长盛不衰，永葆它们原来的形状和色泽，年轻的绘图设计师劳伦斯·赫伯特发明了一种叫作潘通的色彩卡片。

现在，劳伦斯·赫伯特的公司每年的收入都在 20 亿美元左右，而他发明的色卡也成为全球的绘图艺术家和广告商使用颜色的一个标准。

哪些颜色最惹人爱，哪些颜色最讨人厌

有些颜色招人喜爱，而有些颜色则令人生厌。在这方面，曾经有 40 多位统计学家对 21 万来自不同国家、地区的人做过调查。艾森克对实验数据进行了整理，并得出了以下的结论（越靠下的

颜色越不受欢迎）

◇蓝色

◇红色

◇绿色

◇紫色

◇橙色

◇黄色

纯色一般要比混合色更加受人欢迎。

如果我们分性别来看，那么相对于红色，女人们好像更喜欢蓝色，而相对于绿色男人们则更喜欢蓝色。

如果按颜色的色调深浅来看，那么粉红色便成为大多数人的首选，然后是米色、天蓝色、淡蓝色、淡绿色、淡黄色和海蓝色。黄中带绿的颜色是让人感觉最不舒服的颜色，其次是橄榄绿和灰色。蓝黄、蓝绿、红蓝还有红黄是最令人愉悦的颜色组合。

另一点值得我们注意的是，不同年龄段的人对颜色的喜好是不同的。年轻人更喜欢纯色或者炫目的颜色，像红色和黄色，而老年人则更喜欢深色或者柔和的颜色。

研究表明，贫穷或者未受过良好教育的人群更喜欢代表激情的色彩，比如红色和橙色。而那些有较高社会地位、接受过良好教育的人们则更喜欢一些清爽、柔和的色调。

将产品推向国外市场之前，一定要确保产品的颜色不带有任何消极的含义。世界各地对于颜色内涵的理解是不同的。

线条和图形的象征意义

和颜色一样，线条和图形对于产品的宣传也是非常有用的。在一个著名的实验中，路易斯·切斯金得出结论：对比一个画满三角形的软管和一个画满圆圈的软管，人们通常会认为后者的质量更好。

在这个实验中，研究人员让 200 位女士使用了 2 种不同的护肤霜，并让她们回答哪种护肤霜效果更好。结果有将近 80% 的人认为画有圆圈图案的软管内装的护肤霜效果更好。但实际上，两支软管内装的护肤霜是一样的。

有些形状会给人一种浓密、黏滞或者重压的感觉，另外一些形状则显得更具流动性和轻盈感。全世界最著名的工业设计师雷蒙德·罗维曾做过一项研究，他给 500 人分发了等量的瓶装啤酒，其中有些是装在细长的透明玻璃瓶中，还有些是装在短小而不透明的玻璃瓶中。所有瓶子上都没有贴标签。

受试人员品尝了啤酒之后，需要回答一个问题：哪个瓶子里装的啤酒更淡些？罗维收集了大家的答案。虽然所有瓶子里装的啤酒都是一样的，但是结果显示，98% 的人都认为细长玻璃瓶里的啤酒更淡一些。

人们是这样看待线条的：

◇纤细的线条给人以简单、优美而轻盈的感觉。

◇厚实的线条暗示着力量和活力。

◇粗壮的线条代表了决心和暴力。

◇长线条给人以活泼之感。

◇短线条代表坚定。

◇虚线使人兴奋。

◇直线让人感觉宁静、悠闲、安详、稳定、安全而内心平和。

◇垂直线让人联想到轻快感、运动感、无限、高度、温暖和障碍。上升的直线就像是灵性和进步的化身，可以传达出一种积极的含义。下降的直线则代表了世俗的占有欲和一种衰退感，看上去十分消极。

◇曲线则会让人联想到绅士风度、优雅、端庄、灵活性、幻想、年轻，给人一种动态的、兴高采烈的和不稳定的感觉。

◇斜线给人一种移动和即将倒下的感觉。向右倾斜的线条一般会和积极的感觉联系在一起，它们很有动感，看上去好像在前进一样。而向左倾斜的线条则会和一些消极的感觉联系在一起，

◇斜线给人一种动感。那些向右倾斜的线条会让人产生积极的联想。

会使人联想到衰退。

对于形状，人们会有以下的联想：

◇四边形给人一种专心而用功的感觉。

◇圆形是柔软、感性而女性化的。

◇方形是坚硬、严厉、冷淡而男性化的。

◇三角形是最男性化也是最具攻击性的一种形状。当以一条边为底部摆放时，它给人一种沉着而稳定的感觉。如果以一个角朝下摆放时，它就会使人感到轻盈而不平衡。

"男士的帽子应该包装在圆形的盒子里吗？（六角形的盒子效果更佳。）"斯蒂芬·贝克在他的著作《视觉说服力》中提出了这些问题，"女士用的洗浴肥皂应该是椭圆形还是方形的？（椭圆形的更好。）清洁剂应该用方盒子包装吗？（是的，方形的盒子代表了男性的力量和运动能力，可以让清洁剂卖得更好。尽管大多数情况下，清洁剂的顾客以女性居多。）"

早餐麦片应该放在方形的容器中吗？是的，方形的容器会使人联想到力量、富足和慷慨，而这正是谈到麦片时人们会想到的，因此它很适合用来包装麦片。

下篇

爆款文案

第一章
会讲故事的文案才有杀伤力

温馨有爱的故事最走心

经典案例回放：

百年润发的广告讲述了一对恋人相识、相知、相恋、分离、团聚的故事。

广告中男主人公温柔地扶着女主人公的肩，沉醉于秀发如云下那一低头的温柔。这个在广告中没有名字，甚至一句台词都没有、温情脉脉的男子，却演绎出让爱在指尖无声流淌的动人一幕。广告营造出情侣间的亲密意境，很温馨，直击女性内心深处的需求。在京剧古典优美的乐曲背景下，文案借助男主人公一往情深地给"发妻"洗头浇水的镜头，把中国夫妻白头偕老的山盟海誓都融入了"100年润发"中。

案例分析：

　　一个温馨有爱的故事，效果远胜花哨的营销手段。这个世界上能抚慰人心的，永远是爱，而不是仇恨、嫉妒或其他。

　　如果说"青丝秀发，缘系百年"广告的触发机关是情感，那么承载情感的男主角为女主角洗头的画面就是最好的感情触发点。虽然洗头是一个很寻常的动作，但它的背后代表着一对恋人之间的隐隐温情和最诚挚的感情传递。

　　这就像微博上曾经很火的一段话："至亲离去的那一瞬间通常不会使人感到悲伤，而真正会让你感到悲痛的是：打开冰箱看到的那半盒牛奶、那窗台上随风摇曳的绿萝、那安静折叠在床上的绒被，还有那深夜里洗衣机传来的阵阵喧哗。"

　　牛奶、绿萝、绒被、洗衣机还有番茄炒蛋都是我们生活中非常常见的东西，但因为其中藏着爱，所以往往让铠甲瞬间变成软肋，才能轰然打开每个人的记忆闸门。

　　生活中，我们常常伪装坚强，时常感到孤独，我们以为自己无坚不摧，认为麻木就是生活的本来模样。可是，我们还是会在某个瞬间，被那些看似微不足道的一个细节征服。

　　记得一则用细节来表达老人孤独的公益广告，讲述了一个"老人怀疑手机坏了"的故事。一位老人把手机拿去维修，说手机的声音坏了，维修人员告诉他说手机没有坏！老人听后，目光茫然又呆滞，很着急地说："那为什么我接不到孩子们给我打的电话？"

然后，老人伤心地拿着手机，慢慢地走出了维修店……女店员拿起电话，家里老人听到了久违的声音……

与文案写手分享：

一个温馨有爱的故事之所以极具感染力，是因为对情节进行了准确、细腻的描述。那么，文案写手该怎样去把握细节描写呢？

1. 积累细节资源

我们需要提高感知力和观察力，以便捕捉生活中的细节。比如，我们可以仔细观察身边的人或事，抓住别人某一时刻的表情和言语中的关键词，用便笺记录下来，整理到素材库中。一旦写作中涉及到此番情节，就可以调用这些细节来展开写故事。

2. 搜寻细节

从过去搜寻：我们可以从自己的记忆中寻找一些蛛丝马迹、一些特殊的场景、一段深刻的对话等，凝练出对自己有用的内容。不用拘泥于句式结构，直接找到重点，逐渐扩展补充，将各种细节显现出来。

从现在搜寻：我们在生活中，可以观察公园、超市等地方的人对周围环境、气味、声音等方面的反应，还有周围人内心情绪的表达方式。比如，我们可以观察别人走路的方式，何为焦急，何为从容；观察一个人的神情，何为欢喜，何为愤怒。

3. 及时记录

在捕捉到细节之后，我们需要及时记录。记在笔记本上或记在手机的便笺里，等回家后将其整理进文档。总之，我们要找到最适合自己的记录方式。

及时记录，能够将我们不经意间发现的细节留下来，避免长时间观察而导致遗忘细节。相比大脑记录，文字更能保持细节的准确性。

在标题中融入故事元素

经典案例回放：

《王宝强送母亲"200元"项链，还借口说是李咏送的，原因感人！》

案例分析：

随着自媒体的泛滥，大家已经对标题党、信息流产生了厌倦，如何通过一句标题向人们贩卖产品逐渐成为我们的重心。面对用户的大门，你可以用力敲击，但不见得能顺利将其打开。不如试着在标题中融入故事元素，这种新颖别致的方式更容易将他们"骗"上"船"。

安妮特·西蒙斯曾发表过一个观点:"用故事包装事实,是一种强大的力量,能够为人们打开心灵之门,传递真相。"标题的故事性会具有极大的感染力,避免用户对广告产生排斥感,在叙述的过程中潜移默化地将产品信息植入用户大脑中,唤起情绪共鸣,进而对产品产生好感。这类标题常见的有两种形式,一种是话不说完,比如"江苏6口古井水突然沸腾,专家考察后,结果让人目瞪口呆"这类标题,会引起用户挖掘结果的兴趣,最后触发点击。

另一种是故意制造神秘感,比如"一部让你大饱眼福的动作片,配角都是功夫明星,火了整整26年"的标题会引导用户在脑海中翻阅曾经看过的动作片,对号入座,通过留白激发用户点击的欲望。

所以,文案标题中的故事就像是散发着荧光的石头被投进了水缸中,用户面对浑浊的一缸春水,终不得见其全貌,不得不伸手将它捞出来,同时捞出来的还有我们的产品。

与文案写手分享:

在短短20个字左右的标题中,讲一个逻辑清晰、富有感染力的故事是不容易的,但总是有方法的:

寻找故事素材：

（1）从文化传承中寻找，故事与产品的契合点会更高。品牌历经多年的沉淀，总会有人对背后的故事感兴趣，利用这个情结便可轻易挑动消费者的心弦。比如，《一段深沉的爱铸成了德芙》《你可以轻易地拥有时间，但无法轻易地拥有江诗丹顿》等。

（2）从创业经历中寻找。人们热衷于企业家创业成功的故事，更热衷于他之前不成功的故事。比如，《因为理想，成了兄弟；因为钱，成了仇敌》《每天一睁眼要养50个家》。

（3）从产品源头寻找。一个产品从构思、研发、选材、生产……经历了无数次的思考与折腾，这也是一个很好的故事。比如，《你可能不知道，你正在品尝的是长白山的春夏秋冬》。

（4）让产品与用户的情感需求建立联系，通过成就感、梦想、孤独等情感唤醒用户的共鸣，实现品牌的目的。

（5）从人情伦理中寻找。

在完成故事储备之后，我们就可以开始创作文案的故事标题了，可以从以下三个角度入手：

1. 制造悬念

标题中的故事与传统故事注重时间、地点、任务等元素不同，它需要将最重要的信息藏在文章内，留出悬念，让读者亲手去解开这个真相。比如：《工地上收到北大通知书，但他说的这句话更动人》《东北小伙骑车回家过年，一个月后发现骑反了方向》。

2. 制造冲突

冲突是一个故事的核心，冲突感越强烈对用户的吸引力越大。冲突可以通过转折来建立，可以尝试将"尽管""但是"等转折词放入标题中，完成冲突。比如：《谁能想到，这位 16 岁的少女，4 年前竟是一位 12 岁的少年》。

3. 代入场景

画面感是衡量一个故事是否具有感染力的标尺，我们可以将故事细节化，使用动词将句子变成短句，让抽象的概念具体化，将用户带入创造出的场景中。

当然，没必要将完整的故事环节全部表现出来，只要将故事中最重要的片段展示出来就能达到激起用户阅读兴趣的目的。

在文案标题中讲一个故事，让用户在不知不觉中被吸引、被感动，进而点开你的文案，这就是故事型标题的魅力。

围绕品牌讲故事

经典案例回放：

> 德芙巧克力的设计是由"DOVE"字母变形而成，简单的几个字母，展开就是"Do You Love Me——你爱我吗"，德芙标志设计重点在它的寓意，以及它背后那

凄美的爱情故事。

20世纪初，在卢森堡，一个名叫莱昂的帮厨小伙因为经常洗碗刷盘，手上的皮肤被冻开裂了。当他用盐水清洗的时候，一个美丽的女孩走了过来，表示对他的关心。这个美丽的女孩是芭莎公主，两个年轻人的故事就这样开始了。

芭莎公主是王子的远房亲属，在王室地位很低。她是没机会品尝稀有的冰激凌的。于是莱昂每天晚上悄悄为芭莎公主制作冰激凌，慢慢地，两人互生情愫。当时，尊卑观念很严重，他们都没有将自己的感情向对方说出来。

卢森堡和比利时订立了盟约，而芭莎公主被选为联姻的对象。莱昂决定向公主表白，他在送给芭莎的冰激凌上，用热巧克力写下了"Do You Love Me"的英文缩写"DOVE"。希望芭莎看到后，能够明白自己的心意。

可是，芭莎在吃冰激凌前发了很久的呆，以至于热巧克力融化了，芭莎没有看到莱昂的表白。几天后，她出嫁了。莱昂带着一颗伤痛的心离开了卢森堡去了美国。

多年后，白发苍苍的莱昂和芭莎几经辗转又见面了。莱昂得知，当年芭莎其实吃了他送给她的巧克力，但因为巧克力融化，没有看到他的表白。因为不确定莱昂的心意，只能听从王室的安排。

误会解除了，芭莎却很快离开了人世。莱昂悲伤不已，如果当年那冰激凌上的热巧克力不融化，如果芭莎明白他的心意，那么他们的命运会不会和现在不一样？

莱昂决定制造一种不会融化的固体巧克力，经过一番研究，德芙巧克力问世了。他在每一块巧克力上都牢牢刻上"DOVE"，以此来纪念他和芭莎那错过的爱情。

案例分析：

品牌故事的定义有很多种，最直白的就是品牌背后的故事，比如，德芙背后的故事。巧克力主要象征着爱情，在相识相知的恋人心中，巧克力被称为"浓情巧克力"，它与玫瑰花相配是情人节最珍贵的礼物。而德芙将这种对爱情的美好向往发挥到极致，这段凄美的爱情故事赋予了它强烈的愿景，当人们将德芙送给自己心爱的人，就意味着送出了那轻声的爱情之问：Do You Love Me？这也是德芙在提醒天下有情人，如果你爱他，请及时让他知道，如果爱，请深爱。

品牌故事不能只停留在品牌手册上，而要留在大众的心中。坊间有一段关于苹果公司的传说，虽然是网友杜撰，但传播效果非常明显。

"有人说，有三个'苹果'改变了世界：第一个诱惑了夏娃，第二个砸醒了牛顿，第三个握在乔布斯的手里。"这样极具穿透性和传播力的故事让人高山仰止。

与文案写手分享：

人们总是会不知不觉被故事打动，而且喜欢听别人讲一些有意思的事情。所以，故事化沟通是很好的信息传递方式。一个能够流传的优秀品牌故事要掌握三个核心要素：

1. 明确品牌的核心价值观

菲利普·科勒特曾说："故事营销是通过讲述一个与品牌理念相契合的故事来吸引目标消费者。在消费者感受故事情节的过程中，潜移默化地完成品牌信息在消费者心智中的植入。"一个被赋予品牌理念的故事，展现的正是品牌的核心价值观。

比如，褚橙的创始人褚时健将普通橙子打造成为"励志橙"。褚橙背后的品牌价值观就是"励志"，这就是褚橙区别于普通橙子的核心因素，褚橙浓缩的是褚时健虽起于青萍之末，却不曾放弃的精神。

明确品牌的核心价值观，我们就找到了故事的主题，甚至只需要一两个字就足以概括。德芙背后是"表白"，苹果背后是"引领"。无数的故事，背后都有一种情感或情绪作为支撑。

2. 发掘冲突

冲突可以增加故事的可读性，推动情节，渲染情绪。德芙背后的故事就是表达心意和不敢开口的冲突；褚橙展现的是褚时健人生起伏跌宕、胜与败的冲突。所以，创作故事的第一步就是在痛点中发掘具有传播力的冲突，然后将其放大。这个过程就是写实的过程，通过代入真实的情节，让故事变得真实。

3.品牌故事附着产品

没有实体的支撑，再美的品牌故事也会苍白无力。产品承载着品牌故事背后的理念，是一个品牌有效的依托。这就要求我们通过对产品的包装、细节等方面的处理，将品牌故事附着在产品上，增加品牌故事的魅力。

比如，褚橙产品包装上有关"励志"的话，让产品显得更加温情。"别太较真，但必须认真""人生起起落落，精神终可传承"等话语突出了褚橙与众不同的励志精神。

不以情节见长，却贵在真实

经典案例回放：

华为的春节宣传片《总有那么一扇门，在等你回家》，讲述了一个在外打工的男人，因工作原因总是无法回家。"我好像一直都很忙，忽略了很多事情。平时忙，自然就很少回家。一年到头，也就是过年才回去几天。每次回去，都有两种不同的心情，一种是期盼，另一种是自责。"

春节将近，不能忘了老家的父母，于是他毅然决然丢下工作，驱车行驶千里，直奔老家。当站在家门口看见和小时候一模一样的家门时，思绪万千。"以前我好像从来没有关注过我家的门，因为在我的印象里，它总是开着的。后来离家、求学、毕业，工作也越来越忙，回家的次数也越来越少，唯一的陪伴也只剩下了手机，从那时候开始，那扇门也渐渐地关上了。"

"站在同样的门前，十几年的时间就这么过去了，我长大了，他们老了。他们每天互相搀扶的生活，再也没有我的身影。"

案例中，每句话都能够调动人们的感官，在外打拼的艰辛、无法陪伴父母的愧疚，在脑海中被自觉勾勒出来，仿佛就是自己的真实写照，怎能不给人留下深刻的印象。

案例解析：

广告中的主人公就是大多数人的真实写照。也许在很多人看来，春节时，在百忙中回家是一个千年不变的老梗，但真实地吐露出每一个在外游子的心声。文案通过"门"让爱真正回家，传递了华为的品牌温度，而不再是我们看到的冷冰冰的科技产品。

一个源自真实故事的文案，朴实的语言，没有华丽辞藻的堆砌，寥寥几句就勾勒出一个清晰的场景，从而使用户产生代入感。

比如，有网友讲了自己北漂租房的故事："退租时被房东以各种理由克扣押金，当时自己失业，我和男朋友计算好退的押金是下个月的饭费。我靠在门上，各种撒泼耍赖，不退押金就不让房东离开，最后还是男朋友抱着我，让房东走了。出来后，两个人坐在马路上抱头痛哭。"网友说："他心疼我，我心疼钱。"

这样的小故事，虽然没有跌宕起伏的情节，却是生活中最常见的事情，很多北漂过的人看后大概都会湿了眼眶。

为什么真实的故事更容易打动人？心理学家荣格是这样形容"原型"的："它是一种记忆蕴藏，一种印记或记忆痕迹，是某些不断发生的心理体验的沉淀。每一个原始意向中都有着人类精神和人类命运的一块碎片，有在我们祖先的历史中重复了无数次的快乐和悲哀的一点残余。"

"真实"型文案中不论是角色，还是情节，最好都是生活中常见的、真实发生的，这样才能激起用户的共振。

比如说创意短片《不怎么样的 25 岁，谁没有过》，讲述的就是著名导演李安在 25 岁时出去面试，结果他的简历被各企业高管痛批的故事，这份简历甚至还被评价为"HR不会通过""第一瞬间就刷掉了"。结果在多年后，李安获得两次奥斯卡金像奖。

这个短片引起了广泛的社会讨论，其"原型"在年轻的时候简历被各企业高管痛批就是生活中十分常见的一件事情，而最后的逆袭也是人们常常幻想在自己身上发生的，这样的故事很容易引发用户的共鸣。

拥有"原型"的故事，打动用户的门槛很低，它们可以激起其心里原本就存在的情感经验沉淀。

与文案写手分享：

真实的故事文案通常会给人一种细腻的感受，不在于语言的华丽，也没有曲折起伏的情节，而在于真情的默默传递。

1. 留心观察生活，积累素材

一切丰富而鲜活的素材一定来源于生活。所以，文案写手要在日常生活中主动观察、记录和思考。临摹他人的作品终归是下乘之作，优秀的作品是品味生活、有感而发的。生活中的所见所闻，需要随见随记，为之后的创作积累素材。

2. 接地气的表达

只有用户看得懂、乐意看的文案，才能快速融入群众，拉近彼此距离。接地气的表达使用白话、实话等传递信息，让用户更容易理解。

比如，台湾掌生谷粒的文案："左思右想呀……你吃得饱不饱？不烦不猜啦，心又一念头，那你喝得好不好？"

万达广场招商中心的文案："万达广场就是城市中心。"

3. 场景变化，让故事更立体

场景的变换，可极大丰富故事内容，给读者描绘一个立体的时空，有利于烘托气氛，突出故事主题。

与长篇小说或者电视剧不同的是，就一个文案故事而言，故事的场景相对单一，甚至特定，具有唯一性和不可复制性，如某个特殊的家庭、某个事件的突发现场等等。我们可以将单一的场景划分为更为细致的几大板块，降低变换的难度，同时配合可变性强的环境因素，如天气等，烘托故事气氛。

此外，文案写手在写这种类型的文案时，要掌握好分寸，既不能过于平淡，也不能一味地追求感官刺激，让人觉得过分煽情或矫情，恰到好处才能造就一篇成功的文案。

第二章
如何高效利用"用户思维"

文案给谁看？目标定位很关键

经典案例回放：

　　谈起酒文案，江小白绝对是酒品牌中最会写文案的一个，别具一格，深入人心。也许，比起酒，它的文案更受年轻人欢迎。

　　关于生活："一个人的行走范围，就是他的世界。"

　　关于爱情："我在杯子里看见你的容颜，却已是匆匆那年。"

　　关于朋友："愿十年后我还给你倒酒，愿十年后我们还是老友。"

　　关于青春："年轻要活得痛快，年长要活得自在。不说错话，不做错事，青春白走一回。"

　　关于自己："我们总是走得太急，却忘了出发的原因。跟重要的人，才谈人生。"

关于亲情："多少次朋友圈里的孝顺，都不及一次回家。学会喝酒后，才真正开始懂老爸。"

关于孤独："所谓孤独就是，有的人无话可说，有的话无人可说。"

案例解析：

一篇优秀的文案，在抓住用户痛点之前，首先要明确你的产品定位了怎样的目标群体。而明确自己的用户是谁，这是很多文案写手都会忽略的重要问题。

江小白能够在众多酒品牌中异军突起，就是因为江小白一开始定位的目标人群非常精确，是那些追求简单轻松生活的年轻群体。相比为高端人群设计的传统白酒，江小白则是一款更适合年轻人的酒，将白酒与年轻人真正连接在了一起。

与前辈相比，年轻人更加感性，也许在看惯人生沉浮的老一辈人眼中，这些文字似乎有些矫情，但它们可以直接与年轻人擦出火花。这些内容往往都是年轻人比较关心的，对他们而言，喝的不是酒，而是情怀。

为了定位目标人群，江小白在推出之前做了一系列调查，最后将人群定位在了 18 ~ 28 岁的年轻人。这些人往往刚刚离开学校，与好同学、好朋友分别，从单纯的环境踏入了与学校完全不一样的社会。他们开始追求梦想，对于任何事情都充满干劲，但是也容易遇到危机，比如亲密恋人变成最熟悉的陌生人、事业跌入低谷、朋友走着走着就散了等等。这个时候，难免用酒来消愁。江小白的文案，正是从这些年轻人的各种情绪出发，让其表达和释放，符合他们的心境。

好的文案不是写给所有人看的，而是为目标群体量身定做的。尤其是在那种特定的节日或者特定的某一次营销中，文案的内容就更应该是为某一个特定人群打造的。

与文案写手分享：

文案写手怎样才能确定产品的目标人群呢？

1. 利用假设去设定

文案写手在创作文案时，想要让文案与用户产生共鸣，不妨利用假设从多个角度去考虑用户的需求。比如，从用户的性格、年龄、学历、爱好、工作、收入等方面去假设，然后观察与产品的契合度，进而去选择定位。比如一款减肥产品，就可以从以下几个方面考虑：

年龄：多大年纪的人会格外在意自己的身材呢？应该是爱美的、陷于热恋中的女性或者产后、中年发福的女性为多。

收入：减肥想要见效肯定是需要长时间使用，所以说，收入只能勉强维持温饱的人群并不适合，应该是收入中等偏上的人群。

区域：经过研究调查发现，越是大城市的女性受到环境和收入的影响，越是会关注自己的身材，所以说一线和二线城市应该作为推广重点。

性格：通常来说，胖人往往性格比较温和，但会因为身材而有不同程度的自卑心理。所以，喜欢上网，通过各种社交媒体交流，不愿出现在人前，自尊心较强，等等，可能是使用人群的普遍特点，文案写手便可以从这些角度去写文案。

爱好：关注自己身材的人一般会喜欢去浏览哪些网站？应该喜欢关注减肥达人、减肥权威专家微信、微博、空间，浏览减肥论坛，等等。文案写手可以通过这些去确定产品的针对人群具体有哪些。

当然，这些也不是全部的可能，灵活多变的假设可以帮助文案写手确定目标群体，多加尝试，就能提高自己的经验。

2. 从身边出发

文案写手也可以通过向身边具有不同条件的朋友咨询，了解某一类群体的烦恼有哪些，并根据他们的建议来定位产品的目标群体。

3. 用户反馈

从用户的反馈和评价中来分析自己之前的定位是否恰当。基于用户评价的真实性，这样还能够帮助文案写手发现之前没有注意到的细节和用户需求。

4. 社会问卷

通过社会问卷，从大数据中进行分析，定位的用户一般都比较准确。文案写手通过数据分析定位目标人群之后，再创作文案就比较保险了。

文案写手不论写什么类型的文案，只有找准目标人群，才能找准用户的痛点，真正将产品卖出去。做好了这一点，才能让文案更加受欢迎。

什么是自嗨型文案？如何避免

经典案例回放：

> 案例一：单纯谈论现象而言，"自嗨"型文案常见于地产行业，比如："贵族领域，绝对官邸；欧式贵族，尊崇人生""品质传承，荣耀人生""一个街区，缤纷一座城市"等。
>
> 案例二：有一款老字号凉茶，叫作五加皮。主推的痛点是百年老字号，但销量并没有走向全国，甚至很少有人知道这个品牌。

案例分析：

　　自嗨型文案最大的特点就是语言华丽、多用修辞、讲究对称。此类文案写手更像是语言学家、修辞学家和诗人。他们把文案写作等同于构思修辞，研究用词，努力把朴实无华的表达变得更为美丽和高级。

　　自嗨型文案乍一看，非常"高大上"。细想之下，却没有得到任何有效的信息。案例中"贵族领域"和"百年老字号"之类的高级表达并没有描述出产品的任何特色、与其他产品的差异点和优势，通俗来讲就像弱弱地说了一句"我们的产品很好"罢了。高端、奢华的背后一片空洞，和产品产生不了任何关联。

　　例如，某文案"大V"曾举了一个例子来描述自嗨型文案写手。"当我说'我手中拿着一个菠萝'，你的脑海中自然会出现手拿菠萝的画面。如果我说'智掌未来'，你大概会蒙圈，'明智地用手拿着未来'是什么鬼？根本不能通过这句话联想到任何产品。"

　　自嗨型文案写手才不会考虑用户能否接收到清晰的内容，他们更希望自己的创意和技巧能够尽情发挥。事实上，他们只不过是在借用华丽的语言来替代空洞的内容罢了。文案一旦失去内容，只剩下华丽的辞藻堆砌，就失去了文案的价值。

　　一个乞丐在饭店旁边乞讨，他面前的牌子上写着："无家可归，帮帮我吧。"结果帮他的人寥寥无几。一个路过的心理学家把他牌子上的话擦掉，换成了"你要是饿了会怎么样？"，乞丐在 2 小时内收获了 60 美元，是他之前收入的好几倍。

为什么？很明显，之前乞丐的"无家可归，帮帮我吧"，只不过是站在自己的角度，写自己的感受，路人会觉得，这和我有什么关系？而心理学家写的"你要是饿了会怎么样"，则是从路人的角度，写路人的感受。奔赴饭店的人，多半都会饿着肚子吧。他们感受到了饿的感觉，自然就会同情乞丐的感受。

所以，文案避免自嗨无非是从用户的需求出发，从用户的视角来写。为什么企业找文案的时候，总是不自觉地选择自嗨型文案呢？这是因为人的第一直觉是采取自我视角，用户视角是反直觉的，直白地说，用户的视角并不是我们大脑本身想干的事。

就像开咖啡店的店主会给自己的咖啡店定位"醇香世界""简约时光"，认为这些有格调、高雅的词语肯定能打动消费者，却不知道消费者对这些根本不动情，因为他不知道这些和他的生活有何关系。就像我们在参加完公司的周年庆典后，会发朋友圈说"某某庆典圆满结束"，而不会考虑别人真正想看的是什么。

一个著名的文案写手说："世界上最廉价的东西是什

么？一惊一乍与形容词。"自嗨型文案写手致力于创造的就是这样的文字组合，不仅传递不出任何有用信息，而且用户压根儿就不理解表达的是什么意思。

与文案写手分享：

为了避免自嗨，文案写手写文案时可以在脑海中形成这样一个意识："目标用户看到我写的文案，能够在大脑中调用什么记忆？"如果无处下手，文案写手不妨先做一个文案要点的清单：

1. 用户能够理解文案内容

文案写手在写文案时，要确定用户在看到文案的短时间内就能够理解文案传递的信息是什么。毕竟，用户对一个信息的审阅时间不会很长，如果文案内容不能做到一目了然，用户很可能会直接放弃阅读你的文案。

比如说，文案写"这个房子如梦似幻一般"，梦幻的模糊感会让用户很难理解，如果写"这个房子就像皇帝的王宫一样"，意思就清晰明了。

2. 文案与用户的利益点相联系

产品的卖点也就是用户的痛点，并不是仅仅罗列出来就可以了。单纯地推销自己的优势远没有推销为用户带来的利益更有效果。比如：两个卖橘子的小摊，一个牌子上写着"甜如初恋"，另一个牌子上写着"五元四斤"，结果可想而知。

总而言之，文案写手在写文案时，不要啰唆，更不要云里雾里说一些看着很高大上其实很空泛的语句，用简单的话将痛点描述出来，让用户看得懂非常重要。

比如，文案写手如果在写耳机音质好的时候用"犹如置身音乐会现场"；写笔记本噪声低，"闭上眼睛，感觉不到电脑开机"……这样，让用户有了切实的体会，当看到文案的时候，他们会联想到在音乐会现场听歌是什么感受，笔记本噪声究竟有多低。如果他们正好有了这种需求，或者说本身存在这种问题，而你的产品正好能够解决，文案的目的就达到了。

卖点：你要写好处，而不是写优势

经典案例回放：

案例一：某某养生补酒，传承传统文化，承载传统酿酒工艺，少量酒精成分配以枸杞、人参等植物性营养成分，是您养生保健的佳品，本产品曾荣获"某某"奖项。好原料带来好味道，好味道带来好品质，好品质给您真正的健康。

案例二：中秋佳节，椰岛鹿龟酒发出了"多吃易积食，鹿龟酒暖身助消化"的广告文案："大闸蟹性寒凉，忌多食，椰岛鹿龟酒抵消寒性，放开吃""有我椰岛鹿龟酒，告别油腻""补肾益气，我和酒糟毛豆才是王道CP"。

案例分析：

    如果文案内容简单直白地罗列了公司经营的全部业务或产品，或者像说明书一样详尽介绍产品和服务的主要功能，看似将产品的各种优势一一摆上台面，能让消费者更全面地了解产品。事实是，产品服务好、质量好、信誉好，这些优势的罗列，很可能让用户觉得平淡无趣，更不知道这么多优势和自己有什么关系。

    文案写手最大的误区就是将产品的功能优势当成了卖点，期望用这些优势打动消费者。而用户关心的则是产品能带给自己的好处，而不是产品的各种功能。只有明确地把这个好处告诉他，让他意识到用这个产品可以给自己带来的切身利益，他们才会停下脚步来了解产品。

    比如你在讲一款音频付费产品的用户体验故事，两种说法：

    A. 林丽喜欢使用这款听书产品，因为这款产品使用起来很便捷。

    B. 林丽喜欢在每天上下班的路上用这款产品听书，这样不但能充分利用每日的琐碎时间，还能减少厚厚的书籍给自己带来的不便。

    哪一个文案更能打动人？

    以上两种描述虽然都传递了产品"让学习更方便"的信息，但文案 A 只是交代了产品的特点，并不能让用户真切感受到它的便利，而文案 B 从用户的角度出发，减少携带书籍为自己带来的不便，这样更能打动用户。

用户关心的产品好处源自自己的心理需求。多数时候，我们能够明显感知到的都是显性需求，而一般的功能就可以解决这种需求。比如，夏天天气酷热，人们有对舒适温度的需求，空调可以解决；有人害怕万一得病后，没钱看，保险业务可以解决这个"恐惧"；有人厌恶蟑螂在地板上跑，蟑螂药可以赶走这个困扰。

也就是说，在用户的显性需求背后会有非常多的选择。那么，用户凭什么选择你的产品而不是别的？比如，大家都有买手机的需求，选择哪个品牌、哪个款式，取决于他们更为隐藏的内在需求。

比如一个手机，对正常的消费者来讲，它能满足的主要需求就是无线通话功能；但对一个离不开网络的人来说，它就要满足自己的上网需求。而文案写手的主要工作就是提炼，按照我们所设定的目标消费者的需求，来展开信息提炼工作。提炼出来的点，就是好处。

由此可知，产品的好处和优势的最大不同就在于，好处具有独特性，可以在同类产品中独树一帜。而优势则是同类产品都具备的，只能淹没在同类的产品中，不能提供给消费者一个选择的特别理由。

与文案写手分享：

对文案而言，没人会在意你的产品有什么功能、用料多么珍稀、科技多么先进……你绝不能预设你的读者都很聪明或者有耐心，只需要将自己产品的优势和特色罗列出来，他们就可以自己解读产品的好处。你必须帮他们完成这项转换工作，FAB 法可以帮你做到这一点。

"F"解释为属性，指的是产品区别于同类产品的特性；"A"解释为作用，指的是用户使用产品后产生的效果；"B"解释为利益，指的是产品为用户带来的好处、解决的实际问题。

以猫和鱼举例：

一只猫很饿，吃饭是它的需求。销售员放下了一堆钱，但是这只猫无动于衷。钱只是一个属性。

销售员说："这儿有一堆钱，足够你买很多鱼。"猫依旧无动于衷。可以买鱼是钱的作用。

销售员又说："这儿有一堆钱，能让你买很多鱼，你就可以大吃一顿。"猫就会拿起这堆钱。这就是一个 FAB 的过程。

通过层层递进的表达，思路清晰，卖点简练，使三者紧密地连接在一起。用户不仅看得懂，还能加强对产品的信任。找到用户的需求是重中之重，只有真正清楚用户的需求，才能将产品的属性引申至作用，进而表达产品为用户带来的利益。

比如，你想要将鸡胸肉卖给健身达人，你就需要洞悉目标用户的需求：增肌不增脂，从而实现低脂高蛋白—无油烹饪—增肌不增脂的过渡。简单讲，也就是一个传递产品信息、增加产品说服力、刺激痛点的过程。

如果一开始没有抓住痛点，就无法发挥 FAB 法则的作用。用户希望买一件保暖的衣服，你一直宣扬自己衣服的款式，这种情况就无法完成从产品属性到用户需求的转化。

痛点：你的文案扎心了吗

经典案例回放：

> 京东金融推出过一则名为"你不必成功"的文案，内容是这样的：
>
> "你不必把这杯白酒干了，喝到胃穿孔，也不会获得帮助，不会获得尊重。你不必放弃玩音乐，不必出专辑，也不必放弃工作，不必介意成为一个带着奶瓶的朋克。你不必在本子上记录，大部分会议是在浪费时间，你不必假装殷勤一直记录。你不必总是笑，不必每一条微信都回复，不必处处点赞。"
>
> "你不必在深夜停车之后，在楼下抽支烟再回家。你不必背负那么多，你不必成功。别用所谓的成功，定义你的人生。京东小金库，你的坚持，我的支持。"

案例分析:

　　越来越多的人被高涨的房价、父母的催婚和复杂的人情往来等各种压力编织的大网紧紧禁锢，努力到无能为力，却依然找不到出口……这则《你不必成功》的文案就像一个懂你泪水的朋友，站在一群懂你笑容的朋友里，诉说他看到了你的付出、你的努力、你的不容易，轻轻抚慰你内心最柔软的地方。

　　人的满足一般由两种状态构成，一种是理想状态，一种是现实状态。这两种状态，处于平衡之中时人们就会相对满足。当一个人的现实状态达不到理想状态时，就会衍生出各种各样的问题，人们的痛点就在这些问题中。简单来说，用户痛点就是用户在生活或者工作中遇到问题，需要一种解决方案来化解生活或工作中的阻碍。

　　比如，当你打算买一辆车时，一辆车具有定位防盗功能，能报警，能看到车辆位置，再也不怕丢了，而另一辆车没有这种功能。这时，"怕被偷"就成了你的痛点，所以"防盗电动车"就成了你的需求。

　　再比如，洗衣店的文案如果只将目光锁定在洗衣服上，那自然会具有很大的局限性。如果能够从用户的时间、怕麻烦的角度出发，就会发现用户还有出门送衣服难的问题。然后，文案中就可以加入店家通过联系同城快递，上门取衣、送衣来简化流程的信息。

在创作文案时，如何找到用户的痛点和需求，以及如何将这些因素与产品产生很好的联系，是每一个文案写手都要面对的难题。而找到了用户的痛点，基本上就拿到了解决问题的钥匙。很多产品之所以能够成功，就是很好地切入了用户的痛点，不断深化，提出了一套言之可行的方案。

与文案写手分享：

要快准狠地找到用户的痛点，一定要了解用户真正的需求。比如，用户说要一匹更快的马，其实要的是更快的交通工具，适合的是汽车。比如，用户说要买锤子去砸钉子，其实是要挂东西，适合的是一个质量好的粘钩。真正的用户需求，往往不易察觉。所以，痛点的把握应从哪里入手？

1. 构建场景化解决方案

场景化是指特定的人群在特定的时间和地点，使用了我们的产品，解决了人群所需的某一问题。场景化的构建能够使用户产生画面感，从而使产品为用户带来的利益更加直观。比如，中国移动的农村墙面广告"中国移动手机卡，一边耕田一边打"，解决了农民朋友在田地中劳作不方便接打电话的问题。

2. 不断细分

用户的痛点一定要有精度，不能泛泛而论。可以根据产品自身的属性入手，只有站在用户的角度看待产品的特点，才能找到痛点。

一个产品不可能让所有用户满意，只要能够满足核心用户的需求，那就足够有竞争力。在寻找用户痛点时，我们不应该把精力过多放在"全"上，更要放在"精"上。

比如，加多宝能成功的原因就是牢牢抓住了"上火"这一痛点。虽然上火这个概念本身就不严谨，缺乏科学依据，但一提到这两个字，用户都会深有体会。所以，加多宝是针对上火这个痛点，精准切入后提供的解决方案。当我们不断去细分产品的属性和特质时，往往能够发现用户的痛点。

3. 从用户主动性上入手

当目前市场还不能满足某些需求时，有的人甚至会花钱去解决眼前的困难。比如外卖，在各种送餐软件尚未成熟之前，这个痛点早已存在，那时人们只能选择买方便面或者速冻食品，口味单一，并且不够方便。这个时候，用户因为时间成本而渴望的上门餐饮服务，就是一个"刚需"的痛点，一旦解决了这个痛点，潜在的价值将不可估量。

4. 以情动人

以情动人是为了与用户产生情感共鸣，或引起用户的心理反应。这就要求我们能够洞察到用户的情绪，并将其融入文案内容中。比如某英语培训班的文案："你有多少次下定决心学好英语却又半途而废了。"将拥有此类行为的用户带入其中，引起用户共鸣。

我们要善于发现用户主动花钱来解决的痛点，这种痛点已经深深困扰着用户，你若能拿出解决方案，必将成功。

痒点：写出独特、鲜活的细节

经典案例回放：

> 星河湾的一则广告文案《一夜之间，北京的井盖全消失了》：
>
> 消失了，什么都没有了，那些与井盖相关的记忆全失去了，没有人再感怀失去井盖以后那吞噬人的骇人的洞口了。清静的夜晚，也再听不到汽车轧井盖时发出的难听巨响了。
>
> 井盖全消失了，之前谁都知道井盖话题是一个社会问题。拥有尖端太空技术的人类，无法处理城市井盖管线体系的头疼问题吗？井盖只能大量盘踞在道路中央吗？大家认为路中间有很多突起的青春痘好看吗？
>
> 井盖消失了，它们真的消失了，在北京星河湾，能够比常规的道路降噪80%的特殊工艺铺就的路面上。井盖消失了，出于一套复杂的技术支持，出于一个朴素单纯的愿望："走在路上，谁愿意人和车总是有忧患意识呢？"
>
> 星河湾，开创中国居住的全成品时代。

案例分析:

  星河湾的豪宅广告文案,没有使用尊贵、高端、奢华、品位等空洞的词语,而是讲述了自己利用特殊工艺铺就的路面,没有井盖、降噪 80% 的特点。它找到了自己产品中不为人知的细节,来放大它,突出整体的特殊性,表明自己无所不用其极的豪宅特性,从而刺激人们心生向往的痒点。

  痛点是消费者必须解决的问题,而痒点是消费者的欲望。如果你的文案中,产品不能解决用户切实的问题,又不能满足他们心中的欲望,那他们就很难产生购买的想法。比如,当我们描述"这是一款智能无线路由器"时,用户可能并不会对此产生兴趣。如果我们说"你可以在上班时用手机控制家里路由器自动下载电影",这种突出产品细节的方式就会产生很好的效果。

  细节才能让你和别人有所区别,让你在同等竞品中脱颖而出。在广阔的手机市场上,各种品牌的手机让人眼花缭乱,看起来都是一个屏幕几个按键。但它的内部结构是不同的,比如有些手机像素高、有些触控反应好、有些容量大等,这些就是让同类产品出现差异的细节。

与文案写手分享:

  每个产品都是产品制造者打磨了许久才创造出来的得意之作,都有自己的独特之处,我们应该怎样在文案中用独特、鲜活

叹思广告⊕赢取文案
撰写技巧及实例全书

的细节来刺激用户的痒点呢?

1. 了解产品

我们只有对一款产品足够了解，知道它的每一个细节，才能创作出让消费者心痒的文案。小米的文案很吸引人，其中很大原因就是小米很擅长在微小的细节之处做延伸，让用户感受到这款产品与其他同类产品的不同。

比如，小米移动电源这个产品的策划团队在制定文案时，初稿是"小身材，大容量"。经过层层筛选后，小米的这款产品直接定的是"10400毫安时，69元""LG/三星国际电芯，全铝合金金属外壳"。整个文案显得简单、直接，又不乏细节。而这些，都是建立在文案写手对产品的各项功能、性质、特点等都非常了解的基础上，才能有效完成的。

2. 拆解产品细节

当我们亲眼见到一款产品是如何制作出来的时候，不由得心生感慨，叹服发明者的巧思。以食物为例，它给人最深的印象并不是上桌的那一刻，而是它的制作过程。在我们的记忆中都有母亲在厨房中忙碌的身影，我们嗅着诱人的香气，引颈期盼每一道菜的上桌。这个迷人的过程，不该被"一小勺盐"或"少许酱油"这样的空泛词语挡在门外。

文案的创作同样如此，要让用户感受到我们文案中产品的独特之处，向大家展示产品的制作过程，就是最有效的方法之一。再以食品制作为例，现在很多菜的做法早就不是秘密了，即便我们知道每一道菜的食谱，也很难做出一样的味道，更不用说像刀工、调味等这些需要经过长时间练习才能掌握的经验了。

3. 把握生活中的细节

人们的痒点一般存在于生活中的某些细节中，尤其是微不足道的地方。一个好的文案写手需要具备强大的洞察力去挖掘这些细节，从而确认大众的感情点。将生活中的细节灵活运用到文案创作中，会更加容易带动用户的情绪。同时，在细节描写时，在语言运用上要简洁，以少胜多，以最小的面积承载最大量的信息内容。

因此，我们所展示的细节不仅能够让用户心痒难耐，也要让同行发出"居然能做到这个程度啊，真不简单"这样的赞叹。当用户感受到这款产品独特的魅力时，就证明文案中独特、鲜活的细节已经刺激了用户内心的痒点。

真正的文案高手是提供解决方案的人

经典案例回放：

> 案例一：OPPO 手机，充电五分钟，通话两小时。
>
> 案例二：vivo 手机，逆光也清晰，照亮你的美。
>
> 案例三：加多宝，怕上火，喝加多宝。

吸金广告⊕爆款文案
撰写技巧及实例全书

案例解析：

OPPO 手机洞察到年轻人既希望手机轻薄好看，又不希望因电量使自己与世界失联。但手机轻薄就意味着电池板不能加厚，这时"充电五分钟，通话两小时"应运而生。从而解决了轻薄美观的手机续航能力差的窘境，同样，"逆光也清晰"也是这个道理。

所以，创作一篇文案的第一步就是明确目的，也就是如何帮助人们解决什么样的问题。只有完成这一步，才能找到产品特点、用户诉求点，进而吸引用户的眼球，唤醒人们的情绪。就如上述案例一样，精准地找到用户迫切需要解决的问题，并提出切实可行的解决方法。

基本上，用户不会将太多时间浪费在广告上，所以一份优秀得体的文案必须去其糟粕，取其精华，将最好的解决方法献给用户。从产品上满足他们的实际功能需求，或者从精神上满足他们的心理需求。人们能够轻松获得自己想要的信息，并且这些信息切实解决了自己的问题，才会对产品更加青睐。

用户需求的产生就是因为存在这个问题，当文案能够解决困扰用户的问题时，销售就会因此产生。

与文案写手分享：

发现问题，才能更好地解决问题。这种类型的文案，文案写手首先弄清楚用户存在的问题是什么，进而通过这个点将解决办法在文案中表达出来。那么，这种解决问题型的文案究竟该怎样写呢？

1. 利用逆向思维去发现问题

当文案写手面对一款新的产品时，很多时候会感到无从下手。如果直接描述产品的功能，显得太过单调枯燥；如果天花乱坠地乱说一气，可能抓不住用户的痛点。

这个时候，文案写手不妨用逆向思维来思考。比如，先从产品的优势可以解决用户什么问题出发。得到明确的答案之后，再去观察目标群体是否存在这样的问题。等到产品优势和目标群体属性匹配之后，文案的创作就会顺利很多。

比如说，加多宝的广告语："怕上火，喝加多宝。"明明是一款饮料，功能就是解渴，为何加多宝要去强调"上火"的属性？因为这就是加多宝饮料本身存在的产品优势，它是一款凉茶饮料，异于茶类饮品的优势就是当人们上火或者食用比较辛辣的食物时，能够给人们带来清凉的感受，祛除火气。

所以它并不是一款单纯的饮料，而是消费者出门在外能预防上火的饮品。与其优势匹配的用户在吃火锅、上火的时候，就会在第一时间想起加多宝。

2. 将优势大胆写出来

在文案中，产品的突出优势越能解决用户的问题，产品就会越受欢迎。当然针对不同的人群，解决问题的关键点也不一样。

比如说，磨砂膏，如果以"深层清洁"为卖点，它能解决的问题就是"沐浴露无法洗干净死皮和深层污垢"，文案可以定为："深入毛孔，'扫'出污垢，给身体来一次'大扫除'"；如果以"天然"为卖点，它能解决的问题就是"生活用品化学成分太多"，文案可以定为："植物原液基底，更易吸收，与肌肤浑然一体"；如果以"柔软"为卖点，它能解决的问题就是"磨砂膏颗粒细腻"，文案可以是："不痛不花皮，温柔待你"。

根据针对的目标人群不同，文案写手给出的解决问题的方法也应该有侧重点。

3. 用事实去获得用户信任

具有事实依据这种客观理性信息的文案，很容易获得用户的信任。所以，文案写手在给出问题的解决办法时，不妨写一些既定的事实，为文案的核心观点和用户的诉求找到合理化的支持。就像是麦当劳的文案"已卖出数十亿汉堡"，因为好吃、美味这种既定的事实，然后通过数据，给予用户最直观的感受。

文案写手在写解决问题的文案时，要注意的第一个问题就是自己能够精准地发现用户的问题是什么，这样才能对症下药。如果连问题都弄错了，问题的解决方法写得再好，产品的优势再怎么突出，也于事无补。

第三章
调动用户情绪，制造共鸣

如何调动用户的阅读情绪

经典案例回放：

以走心文案著称的江小白《不再爱你》系列。

如图 5-1、图 5-2 所示：

最想说的话在眼睛里，
草稿箱里，梦里，和酒里。

图 5-1

拥有时不懂珍惜，
懂得时只剩遗憾。

图 5-2

案例分析：

　　如果在某个时刻，你对某句话或某篇文案感触良多，那一定是你的某种情绪或欲望被眼前的东西勾起。一个用户在购买行为产生之前，一定是在某种特定环境中看到某产品的广告，产生购买的欲望，从而导致购买行为的形成。

1. 情绪与文案的联系

　　事实证明，大多数人都存在冲动消费，而影响人消费的主要因素就是情绪。在创作文案的过程中，情绪是一个很容易产生效果的切入点。人的情感都需要一个宣泄口，而这个宣泄口可能是一个人，也可能是一个故事，也可能是一段扎心的文字。因此，将情绪作为切入点的文案往往更容易引起共鸣。

2. 融入情绪的前后差别

　　比如，一份眼镜的广告文案："U2 树脂镜片，具备极地摩擦系数，能够减少划痕的产生，提升视觉体验与舒适度；而且镜片采用非球面设计，保持视物清晰不变形，能充分满足您的视野。"文案清晰且流畅，产品利益突出，但你大概不会产生购买的欲望。

　　如果以情绪为引的话，再看一次："你知道吗，普通近视镜片的摩擦系数一般较大，这就使得镜片容易产生划痕，而划痕是影响视觉体验的最大障碍。而且普通镜片通常为球面设计，这会限制佩戴者的视野，并在余光处会产生不同程度的视觉变形。如果您的工作生活需要更宽阔的视野，比如开车，我们这款 U2 树脂镜片就能帮您解决这些问题。"风格稍微变动，就会让人受到触动。

为何两篇文案差距如此之大？因为第二篇文案调动了你的情绪，由一个旁观者突然变成了主人公，真正感受这些情绪。如果此时有相关的产品出现能帮助你增强或者缓解情绪，你自然会容易发生购买行为。平庸的广告文案虽然产品介绍得很好，却没有任何情绪上的唤起。说到底，调动用户的情绪就是用户本身有情绪，你将其唤起。比如，老罗英语培训的文案："人民币一块钱在今天还能买点什么……或许，也可以到老罗英语培训听八次课。"它调动的情绪就是抱怨物价涨得太快。

有时候消费者可能需要某个产品，正在纠结要不要买的时候，如果能够调动他内心相关的情绪，就能促使他下单。所以，一篇好的文案要能够尽量挑起观众的情绪。比如，产品曾带来的回忆，没有产品带来的恐惧，对产品设限带来的焦虑等。

与文案写手分享：

既然调动情绪这么重要，我们该如何在文案中调动用户的情绪呢？

叹世广告●震撼文案
      撰写技巧及实例全书

1. 找到情绪发力点

在创作义案之前，你需要先确定将要投入的情绪是什么，你期待用户在阅览过程中产生什么样的情绪反应，然后找准受众对象的情绪痛点进行发力。将现实生活中的感受添加到文案中，能够将你所感受的喜怒哀乐传递给用户。

比如，曾经刷屏的"现象级"广告片《她最后去了相亲角》，描述了所谓剩女所面临的压力和尴尬，"过年回去，几乎所有人都会问你，怎么还没结婚""人民广场的相亲角，几乎成了买卖子女的市场，明码标价""父母会觉得自己老了，走之前不想残忍地看到，你还孤零零一个人"。最后为女性发声，"我们要追求爱情，我们要嫁给爱情"，引爆了女性渴望真爱的情绪，最终获得了快速传播。还有江小白系列文案，满足了年轻人喜、怒、哀、乐的情绪宣泄，引爆了目标消费人群的圈子。

2. 巧用第一人称

人们只对两种事情感兴趣，与自己相关的和自己喜欢的。第一人称带有强烈的主观感受，"我"有着什么样的情绪，有着什么样的情感诉求。当你开始用"我"来阅读广告文案时，就能发现产品是否能够解决"我"的问题了。强烈的代入感有利于用户情绪的调动。

3. 将"情绪"与产品结合

写文案前，永远不要忘记，文案是为产品服务的，要先搞清楚自己品牌的定位。记住大师伯恩巴克的教导："产品，产品，产品。"文案必须指向产品,而且必须时刻指向产品。尽量挑起用户的情绪,比如对产品的期待、没有产品的恐慌、产品能弥补的缺憾、带来的难忘回忆等。

4. 用场景引爆情绪

《场景革命》的作者吴声说:"很多时候,人们喜欢的不是产品本身,而是产品所处的场景,以及场景中自己浸润的情绪。"场景对于情绪触动、情感引爆,进而促进消费转化具有非常明显的作用,因此巧用场景也能有效调动起消费者的情绪。

恐惧型文案:调动用户情绪,从"吓唬"人开始

经典案例回放:

《我害怕阅读的人》是台湾奥美广告最经典的文案之一。

"我害怕阅读的人。一跟他们谈话,我就像一个透明的人,苍白的脑袋无法隐藏。我所拥有的内涵是什么?不就是人人能脱口而出,游荡在空气中最通俗的认知吗?像心脏在身体的左边。春天之后是夏天。……阅读的人在知识里遨游,能从食谱论及管理学、八卦周刊讲到社会趋势,甚至空中跃下的猫,都能让他们对建筑防震理论侃侃而谈。相较之下,

我只是一台在 MP3 时代的录音机：过气、无法调整。我最引以为傲的论述，恐怕只是他多年前书架上某本书里的某段文字，而且，还是不被荧光笔画线注记的那一段。"

"我害怕阅读的人。因为他们很幸运：当众人拥抱孤独或被寂寞拥抱时，他们的生命却毫不封闭，不缺乏朋友的忠实，不缺少安慰者的温柔，甚至连互相较劲的对手，都不至匮乏。他们一翻开书，有时会因心有灵犀而大声赞叹，有时又会因立场不同而陷入激辩，有时会获得劝导或慰藉。这一切毫无保留，又不带条件，是带亲情的爱情，是热恋中的友谊。一本一本的书，就像一节节的脊椎，稳稳地支持着阅读的人。你看，书一打开，就成为一个拥抱的姿势。这一切，不正是我们毕生苦苦找寻的？"

案例分析：

  心理学研究显示，人性里有一种本能叫作避免恐惧、痛苦和危险。如果你告诉他，你的产品可以帮助他摆脱恐惧、危险，对方就会本能地充满了解的欲望。这就是利用人的恐惧心理来写文案。

  一般鼓励他人读书，都会洋洋洒洒列出读书的好处。这篇《我害怕阅读的人》却没有进行类似"精神富足重要过物质富足"的劝说，而是从另一个角度出发，以"我害怕阅读的人"为主线,将不阅读在职场、应酬以及生活中出现的尴尬及劣势一一道出。诸如在别人面前显得自己无知、封闭、渺小,让用户害怕不阅读会变成这样一个苍白匮乏的人,进而产生想要阅读的欲望。广告专家埃里克·惠特曼告诉我们:恐惧带来压力。人们会因为恐惧带来的压力而无法保持一种稳定的状态,不免感到紧张,将注意力转移到你的文案上。这就说明在某种情况下,逻辑分析会受到恐惧情绪的干扰,却不能左右恐惧情绪产生。正是这样,恐惧型文案通过将用户心中的恐惧放大,从而达到促使用户购买行为产生的目的。

并不是盲目地散播恐惧言论就能刺激到用户,能刺激到用户的恐惧一般具有如下特点:

1.恐惧正发生,才能产生急迫感

如果不是当前发生的,就不会有急迫感。比如,要写劝说年轻人买房子的文案,A 写:"买房吧,否则你存的钱以后只够租房!" B 写:"买房吧,否则就没老婆!"肯定是 B 写的这句更有说服的效果,为什么?因为 A 写的内容无法对现实生活产生影响,无法给予用户急迫感,他自然不会马上采取行动。B 就不同,没有房就娶不到老婆是与现实挂钩的,所散播的恐惧会令人产生焦急情绪,从而马上行动起来。

2.恐惧真实具体,才能戳到痛处

过度夸张的恐惧反而会因为脱离真实,无法使用户内心泛起涟漪。唯有真实的恐惧，才能恰到好处地戳到人的痛处。

比如，一篇 PPT 付费课程的文案这样写："不学 PPT？加薪升职就别想了，因为你马上要失业！"恐惧制造得就有点严重，只会让人逆反，产生"就不学，看看会不会失业"的想法。

如果换一种表达："小张，PPT 效果太平淡了，加点动画效果。""小张，你这 PPT 配色不协调。""小张，PPT 的版式不够美观，调整下。"……

天天加班，睡觉做梦都在修改 PPT，身体和精神双重崩溃。听到上司喊自己的名字，就浑身哆嗦。甚至怀疑自己，是不是该换个行业？

这种痛苦经历给用户的恐惧是真实的、具体的，如果你能帮他走出这种困境，那么他肯定会很爽快地下单。

3. 恐惧经常发生，感受到的痛苦更加强烈

如果你说的恐惧，一年只有那么几天，或者一次，基本没有用户愿意为此做出改变。如果你要给某品牌的狐臭粉写文案，"别人都是吊带配短裙，你却只能长袖加香水"和"上下班，拥挤的公交和地铁上，唯独你方圆一米以内不站人"，哪句更能激发恐惧呢？肯定是第二句。因为相比于前者定位的夏天穿吊带，每天上下班所遭遇的烦恼更让人难以忍受。每天都发生，这让用户感受到的痛苦更强烈，

要解决的欲望自然也更加强烈。

恐惧是一种复杂的情感，很多东西会带来恐惧，比如死亡、离开或者孤单。同时恐惧也是一种动力，你害怕迟到被扣钱，所以会从床上弹起来。你害怕被别人超越，所以努力加油学习。因此，要想让消费者行动起来，可以尝试在文案中制造点恐惧。

与文案写手分享：

所谓恐惧型文案，就是将事情的负面后果指出来，让读者感到害怕，继而产生行动。下面，我们来看如何写好恐惧型文案。

1.呈现后果

恐惧型文案一定要拉长时间距离，将目标放在更远的地方，重点去呈现消费者如果不使用这种产品或者继续某种行为会产生什么后果，这也是大多数恐惧型文案的常用手法。

比如，一篇呼吁戒烟的文案："癌症治愈烟瘾。"只有短短的六个字，却会给人以震撼。你说自己有烟瘾，戒不了烟，等以后患上癌症就会把你的烟瘾治愈了。这就是典型呈现后果来引起受众恐惧心理的案例。

人们对以后发生的事情总是存在着侥幸心理，或者处于麻痹大意的状态。大多数人都没有很强的危机意识，也不会主动去寻求改变，尤其是对那些购买之后需要花费很长时间才能见到效果的产品更是如此。文案就需要将未来某一刻发生的事摆在用户面前，强化他们的危机感，让他们马上做出行动。

2. 适当夸大

前面我们说过度夸张会失真，导致痛苦无感。这并非指不要夸大，而是要适度夸大。比如，一则安全座椅的广告：一个鸡蛋和一个坐在安全座椅上的小女孩，全程小女孩和鸡蛋玩得很开心，但因为一个急刹车，鸡蛋摔碎了，小女孩安然无恙。

广告中并没有出现血腥的画面，只是将鸡蛋暗喻了女孩的生命。言外之意就是，如果小女孩没有坐在安全座椅上，那她很可能会失去生命。这则广告就是利用了家长们的恐惧心理，呈现出一个极端后果：不使用安全座椅，你可能会失去你的孩子。

与平淡无奇的劝说相比，添加夸张的元素会增加读者的压力，让他们因为害怕而马上行动。

3. 给出建议

当我们成功唤起用户的恐惧之后，就需要给出具体的建议去解决这种恐惧。这时候，就是各种产品出场的时机了。

比如，一则床上用品的广告，前半部分详细介绍螨虫在床上的存在，唤起消费者的恐惧，细致入微的描述会让人难以忍受。之后马上给出对应的解决方案：购买防螨床罩，即可还你洁净舒适。要想写好恐惧型文案，就一定要让用户相信你的建议和产品有可行性，确实可以消除他们的恐惧，否则就不要轻易尝试。

文案经常调动的情绪——后悔

经典案例回放：

> 海尔小清新风文案：
>
> 海尔热水器："曾经有一个极好的机会 / 我没有抓住 / 错过的时候才后悔莫及 / 如果上天再给我一次机会 / 我一定苦练手速 / 不再错过 11·11"
>
> 海尔冰箱："没有西瓜的夏天 / 是不完整的 / 就这样 / 错过了一整个夏天"
>
> 海尔立式空调："在一年的中间 / 忙到忘记了犒劳自己 / 就这样错过了 618/ 错过了一个亿的机会"
>
> 海尔电视机："啤酒准备好了 / 鸭脖准备好了 / 秋衣准备好了 / 世界杯开始了 / 电视掉链子了"

案例分析：

海尔的这几则文案，利用很多因错过留下的遗憾，激起了用户的后悔情绪，达到情感上的共鸣。

在营销领域有一种模式被称为饥饿营销，它所调动的就是用户的后悔情绪。百科上对后悔的定义是："对以前没有做的事情或做错了的事情感受难以释怀的情绪。"或者可以说，后悔心理产生的原因有两个：过去没做的事和做错了的事。

研究发现："从长期来看，人们对过去没做的事情更加感到后悔；而从短期来看，人们对做过的事情表现得更加后悔。"

比如，你曾经在上学的时候喜欢一个女生，但你却始终没有当面去表达自己的爱意。虽然在当时并不会感到后悔，但一段时间之后，你就会因为错过而后悔不已。这就是从长期来看，对想做的事情但没做产生的后悔。

如果当时你对自己暗恋的女生迈出了那一步然后被拒绝，你在当下的时间里会后悔当初做的决定，因为她的拒绝让你难堪。但从长期的角度看，你不会为此后悔。

因此，这两种后悔情绪的来源经常会被广告使用，来唤起消费者的情绪。

·当你因为过去做错的某件事情感到后悔，我的产品可以帮助你弥补这一过失，从而减轻你的内疚。

当情侣之间因为琐事大吵一架，男生会送女生一盒巧克力来缓解自身的内疚；当父母在冲动之下对孩子进行了斥责打骂，会选择购买新款的玩具缓解他们的内疚。

同样，当你忍不住吃完火锅而担忧上火时，购买预防上火的加多宝是你最好的选择；当你拿着辛辛苦苦攒下的钱任性出去旅游时，选择性价比高的产品能够帮你减轻负罪感。

·当你因为过去没有做某件事而感到后悔时，我的产品能够帮助你弥补。

就像淘宝开始兴起的时候，很多人本来打算依靠前景可观的电商做点小生意，因为某种原因最终没有行动，而那些把握住时代脉搏的人，斩获了淘宝巨大的红利。当错过最好时机的人反应过来时，已经登不到潮流的顶峰了。这些人无疑会为当初自己的犹豫感到自责和后悔。所以，当微商时代到来，为了刺激人们加入微商，很多文案都是这种模式："如果你错过了淘宝，这次就别再错过微商。"而很多成人高等教育机构的文案也属于这一种："曾经错过了大学，就别再错过第二次受教育的机会。"

这种善于洞察目标用户过去做错和未做的事情，并给自己的产品打上相应的标签，使自己的产品成为弥补遗憾的方案，是利用用户后悔情绪的最好手段。现如今很多人都在利用消费者这种后悔的心理刺激购买欲望。比如，淘宝店的促销活动：全场五折，下次促销再等一年。

所有人都体会过做错事或者错过某件事而产生的感受，文案写手在创作文案时若能够调动消费者的后悔情绪，并用自己的产品作为弥补遗憾的方案，就能刺激消费者的购买欲望。

与文案写手分享：

在利用消费者的后悔情绪时，可以使用以下的方法辅助：

1. 直接表达

文案写于想要利用后悔的情绪，就要将后悔摆放在台面上，比如"不买一定会后悔""难道你想给自己留下遗憾"等。这种模式运用熟练之后，就能写出让人叫好的后悔文案。当然，最重要的就是立意正确。如果文案写手写一篇文案最根本的出发点就是错误的，那么，无论文案写得多么生动，对于产品的营销都没有任何有利的帮助。

2. 保持语言的节奏感

简洁的短句，能让文案富有节奏感，产生环环相扣的效果，有效保持读者情绪的持续。如果文案内容啰唆，一旦使用用户游离于文案制造的后悔情绪之外，产生的效果就会大打折扣。另外，像那些运用了各式各样押韵的文案，能够让平淡的信息变得生机勃勃，读起来有很强的节奏感。

制造焦虑感，才是打造走心文案的撒手锏

经典案例回放：

> 支付宝联合16家基金公司推出了一组《年纪越大，越没有人会原谅你的穷》的理财文案。
>
> 南方基金：你每天都很困，只因为你被生活所困。

万家基金：每天都在用六位数的密码，保护着两位数的存款。

国泰基金：全世界都在催你早点，却没人在意你，还没吃早点。

招商基金：世界那么大，你真的能随便去看看吗？

华夏基金：对所有大牌下的每个系列化妆品都如数家珍，但你绝不会透露自己用的只是赠品小样。

富国基金：在家心疼电费，在公司心疼房租。

建信基金：小时候总骗爸妈自己没钱了，现在总骗爸妈，没事，我还有钱。

上投摩根：懂得父母催你存钱的好意，但更懂得自己光是活下来，就已用尽全力。

兴全基金：经济独立了，才敢做真实的自己，否则只好一直做别人喜欢的自己。

博时基金：只有在请假扣工资的时候，才会觉得自己工资高。

中欧基金：你所谓的工作"稳定"，只不过是一直在工作，并没有让你自由。

天弘基金：一年有26个节日，你都不会去过，但你不会错过节日里的每一分钱红包。

> 嘉实基金：总能半夜狠心删空购物车，你知道这种"理性"一文不值。
>
> 广发基金：在适婚的年纪，竟然庆幸自己朋友少，因为根本不用担心，会收到"红色炸弹"。
>
> 民生加银基金：忘了毕业多少年，每逢同学会，你都只能搭同学的顺风车。
>
> 光大保德基金：没有逃离北上广，并不是凑够了首付，而是每天的外卖，可以一起凑满减。

案例分析：

《年纪越大，越没有人会原谅你的穷》从自己、生活、存款、父母、工作、社交、自由等方面揭露了血淋淋的现实，当读者看到的时候，瞬间产生了共鸣，不自觉地对号入座，产生焦虑、不安等情绪。文案竭尽全力让读者明白社会的残酷，一步一步将读者的情绪拉入低谷。

在当今的互联网时代，万事万物都处在急剧变化之中。新技术、新行业随时在崛起，诸多行业不断迭相更替，每个人都有被取代的可能。所以，在不确定的情况下，焦虑是这个时代的必然产物。

从一个人的心理方面来说，焦虑是人类的基本情绪，持久并不可消除，当一个人感觉到焦虑，他就会寻求各种方法去缓解。当一个人焦虑，他的理性就会下线，并形成冲动消费和冲动行为。当一篇文案将现实的残酷摆在读者面前，焦虑的情绪就会被激发出来，此时文案中的产品或者解决方案就会被读者视为救命稻草。

与文案写手分享：

文案写手可以在文案中制造焦虑，让读者意识到自己当下的环境并不稳定，由此产生焦虑，急于去找到解决方案，进而产生购买产品的欲望。制造焦虑感，才是打造走心文案的撒手锏，那么如何制造焦虑感呢？

1. 用对比产生差异

当人们长期处于安宁的环境中时，很难产生焦虑感。因为一个人需要其他群体参照，才能对一件事情做出判断，不会直白地对一件事进行期待。当同阶层中出现一个比他强的人，他就会意识到别人比自己优秀，接着焦虑感就会扑面而来。

对比时选择的参照群体非常关键。如果参照群体离受众的生活非常遥远，就不能产生很好的效果。比如，一个身价过亿的老板赚了一千万和你身边的一个朋友突然赚了十万块钱与你进行对比，哪个更能激起你的羡慕嫉妒？自然是后者。所以，文案写手在利用这种方法时，选择恰当的参照群体是一大重点。

2. 用损失产生恐惧

在文案中阐述用户未来可能产生的损失，会使用户心中产

吸金广告与爆款文案
撰写技巧及实例全书

生恐惧和焦虑，进而刺激用户的购买欲望。就像当你早上捡到了五十元钱，你觉得很开心，但不久发现钱又丢了。虽然个人资产在本质上并没有发生变化，但这种损失的恐惧非常强烈。

文案写手在创作文案时就可以利用人们的这种心态，明确地表示，如果你不这样做就会失去一些原本拥有的东西，让用户产生恐惧，进而购买产品。

3.创造不定效果

鲶鱼效应是在存活率低的沙丁鱼群中加入一条鲶鱼，破坏安稳环境的同时，也激活了沙丁鱼的求生本能。没有焦虑是因为群体中没有出现一条让人窒息的鲶鱼，当群体中一个人发生了改变，并产生了明确的效果，其他人也会随之而动。

文案写手在创作文案时，可以创造各种优越场景，让熟悉的群体中，出现一个更高级的身份，让群体中的其他人产生焦虑，进而促进他们的购买欲望。

在写文案时，除了利用上述方法，文案写手也可以在文案中适当地对关键字句运用加粗、变形、变色等方法加以突出，让读者更直观地去感受。

满屏都是回忆杀，让人忍不住飙泪的文案

经典案例回放：

江小白给18岁的人们，写了一组文案：

写给18岁的自己："曾以为青春是QQ签名里最后的倔强，原来青春在没有美颜和滤镜的相机里。"酒瓶文案："我要和你走过春夏秋冬，一起谈天一起胡闹。"

写给暗恋366天的TA："某人不懂'在吗'的背后深意，更不知QQ灰色头像点亮的瞬间，就能点亮一个人的心情，那年的自己有点傻。"酒瓶文案："也许在他心中，从未有过我的存在，可对我来说，他就是一半的青春。"

致同寝室的兄弟："18岁和老刘球场挥汗喝冰可乐，28岁与老刘团购枸杞保温杯，那年对话里没有言不由衷，那年举杯不会身不由己。"酒瓶文案："我怀念的不是酒，而是散落天涯的老友。"

写给一生艰难的老爸："除了讨生活费很少给你发短信，抱歉，我大学没好好读书，谈了一场恋爱，也没能毕业。"酒瓶文案："你只来了一下子，却改变了我一辈子。"

写给老友："翻看几年前的留言板和访问记录，最活跃的你们却淡出微信，聊天列表何时有空兑现一起看世界的约

定。"酒瓶文案·"青春不是一段时光，而是一群人。"

写给曾经的你们："18岁时我们第一次喝酒，十年走过，青春早已886（网络用语，"拜拜了"的谐音）。你我已是老友，我还为你倒酒。"酒瓶文案："愿十年后，我还给你倒酒；愿十年后，我们还是老友。"

案例分析：

江小白文案将用户的思绪拉回18岁那年，留在相机里的每个瞬间、耗费半个青春的暗恋、同寝室的兄弟、约定去看世界的老友……每一个都是回忆杀，让人感觉五味杂陈，想要借酒消愁或借酒缅怀。

语言也许并不优美，但这份共同拥有背后隐藏的情绪，在"我怀念的不是酒，而是散落天涯的老友""愿十年后，我还给你倒酒；愿十年后，我们还是老友"的撩拨下，让被生活磨砺得麻木的心重新变得滚烫起来。

就像是集体看一场黑白调的青春电影，我们一起沦陷在一场回忆杀的剧情里，一时泪崩。人们为什么会追忆过去的美好经历呢？人们追忆过去并不是去回忆经历本身，而是借助当时的细节，产生良好的感受罢了。就像你去看一部小时候的电影，你所谓的回忆并不是小时候看到的电影本身，而是当时看电影时，自己所处的情景，自己的所见所想。人们总是喜欢在类似的场景中回忆过去。这也照应了一个经典的心理学概念：情景效应。

所以，如果你打算利用文案使消费者产生关于难忘回忆的情绪，不妨将他们带入一个相似的场景，来促进消费行为的产生。内容上，将他们曾经的美好经历揉进字里行间，仿佛每一个字都是他们的回忆，让他们可以通过购买你的产品强化他们这种美好记忆。

人们的情感需求之一就是对过去的回忆，如果在文案中融入"回忆杀"，消费者会更容易感知这种对过去的情绪，并通过购买行为来强化这种情绪。

与文案写手分享：

让人看哭的"回忆杀"文案怎么写？

1. 从历史事件的角度切入

通过历史、文学渠道或者对文化、国家某个时期的间接怀念。比如，铁达时手表的《天长地久·空军篇》广告，以"二战"为背景，讲述了一对新婚夫妻因战争原因不得不分离，丈夫送给妻子一块刻有"天长地久"的铁达时手表。

虽然消费者无法对战争感同身受，但文案的手法可以带给消费者很强的代入感，从而体会这段凄美的爱情故事，进而与产品相联系。

2. 从成长经历角度切入

青春是每个人都绕不过的回忆，每个人都有属于自己的故事。"18岁""毕业季"这些代表青涩的词语是最容易勾起人们回忆的引子。江小白的回忆杀就是锁定了这一阶段。

例如："一群即将毕业的学生，在学校附近的餐馆举办离别前的聚餐，笑着喝酒笑着吃饭，在离别的时候喝江小白酒，许愿十年后还是朋友还能这样喝酒；一位工作数年的年轻人，因为工作压力，在电脑前疯狂忙碌着，突然电脑中的音乐播放器响起了《青春纪念册》，喝着江小白，怀念校园的青葱岁月。"

3. 从故乡风情角度切入

故乡角度多用于特殊节日来渲染一家团圆的气氛，漂泊在外的游子因为工作无法返乡，万般美食都比不上"妈妈的味道"。

比如："以前，二十岁出头，喜欢过年。白天睡到自然醒，除夕爸妈准备好一桌团圆饭，你只贡献一道味道欠佳的菜。""到亲戚家串门给长辈拜年，能收到几个大红包。那几年无忧无虑，花掉大把时间约酒见朋友。"

丧文案为什么那么扎心

经典案例回放：

丧茶自带灰色忧郁系画风的文案，扎痛了年轻人的心。如图 5-3、图 5-4、图 5-5 所示：

图 5-3

图 5-4

图 5-5

案例分析：

丧文案实在太火了，连犄角旮旯里都弥漫着负能量。丧文案就像一个生性达观却被现实羁绊的小孩，躲在灰色的基调里自嘲，感情有点复杂，有灰心丧气，也有暖暖的治愈。有人说，丧文案之所以扎心，就是因为它写的是现实，悲催无奈，却又透着一丝丝希望。让人在认清了生活的本质后，依然继续热爱生活，这也许就是丧文案的魅力。

1. 丧文案中都写了什么

从众多丧文案中提炼出的关键词，其中以"上班、赚钱、孤独、爱情、买房"等关键词出现的频率最高。比如：

丧茶："反正你都够胖了，少喝一杯也不会变轻的。"

没希望酸奶："导购说，对不起，这已经是最大码了。"

拉芳："洗了头一定有人约，但不洗头，有人约也出不去。"

虽然有些文案完全脱离了产品，但是更贴近了用户的内心和生活。

2. 丧文案都唤起了哪些情绪

某网站调研了100多条丧文案，得出数据，如图5-6所示：

丧文案唤起的"无奈"情绪最多，"失落"次之。

"丧文案"之所以能够成功，就在于它的痛点能够引发

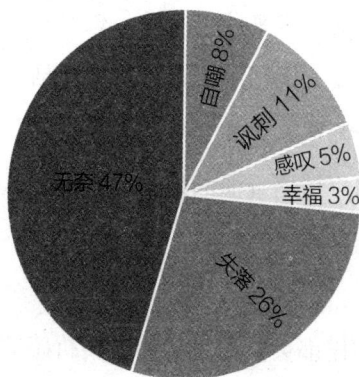

图5-6

广大用户的共鸣。比如，丧茶文案中的"胖"，江小白文案中的"兄弟情"，都是将人们真实内心的脆弱与伤痛进行情景化处理，赋予了人的感情，让用户真实感受到产品与服务是懂他们的需求的。

新一代的年轻人听惯了自说自唱的心灵鸡汤，对品牌的"自嗨"早已司空见惯。而"丧文案"通过自嘲、"毒鸡汤"等内容，并没有过度强调产品的特征，而是站在用户的角度，更加关注用户的生活和心理需求，扎心，也更加走心。

与文案写手分享：

"丧文案"的关键是对用户生活中可能产生负面情绪的场景进行还原和描写，需要掌握的技巧如下：

1. 回到生活

触动人心的文案一定来源于生活，想要获悉用户的生活状态和心理活动，就需要文案写手走进用户的生活。可以将各种社交网站作为素材的来源地，比如 B 站的弹幕、热门的微博评论等。这些社交网站是用户情绪宣泄的地方，我们能从中了解用户的真实情感和想法。

2. 巧用转折

大多数文案创作都会使用对比等有转折感的手法来达到出其不意的效果，在情绪宣泄的同时，自我调侃。比如："等忙完这

吸金广告◆爆款文案
撰写技巧及实例全书

一阵，就可以接着忙下一阵了。""年轻人嘛，现在没钱算什么！以后没钱的日子多着呢。""如果你觉得自己，一整天累得跟狗一样，你真是误会大了，狗都没你那么累。"文案写手可以通过整理目标用户人群中的流行语，更改其中的某一个元素来达到转折的效果，最好在更改时问自己一个问题："如果不是这样，那是……"

所以，"丧文案"不管沾染了多少负面情绪，本质上还是产品文案，只不过需要通过这种情绪引起用户共鸣。将出其不意的转折作为神来之笔，为负面情绪增添一丝宽慰才是真正的目的。

3. 讲个故事

言简意赅地讲一个故事是创作文案的一个重要手段。"丧文案"都很短，但有些"丧文案"读起来就像是一个故事。比如：

网易云音乐："我听过一万首歌，看过一千部电影，读过一百本书，却从未俘获一个人的心。"

江小白："爸爸收起横在鱼塘上一天的鱼竿，想要的不过是和你三分钟的通话，如果你觉得只有成就才能衡量'出息'，不如不见。"

对生活某个场景或经历的描写，将具有生活气息的词语带入其中，使得文案内容更加丰满，能够增强文案与现实之间的联系。

文案写手可以为产品构建一个场景，对其做出描绘，可以是周遭环境，也可以是交谈对话。从中提炼出关键要素，重新组合，或者在其中提炼出一句体现中心含义的话。

4. 撩拨适当

"丧文案"通过唤起用户的情绪而达到产生共鸣的目的，但负面情绪的唤起要适度。更多时候"丧文案"中主要是生活或者情感类的内容，能够迎合用户心中的苦闷，但不会触及他们心中的禁区。所唤起的情绪多是无奈、沮丧的情绪，不会触及愤怒、悲伤等方面。也可以理解为，"丧文案"只是撩拨用户，带着用户一起吐槽，但不会深度刺激到用户。

年轻的消费者一般都抗拒说教，只追求自我的放逐，喜欢有个性的品牌。"丧文案"完全站在用户的角度，更加关注消费者的生活和心理诉求，不过分强调产品特征。看似脱离产品，实际上是帮助品牌建立与用户之间的联系。所以，"丧文案"虽然扎心，却也更受欢迎。

第四章
创意文案，6种开脑洞训练法

当别人都向左时，让你的文案向右

经典案例回放：

　　每个广告文案人都一定看过甲壳虫车的经典文案"Think small"，内容如下：

　　我们的小车并不标新立异。许多从学院出来的家伙并不屑于屈身于它；加油站的小伙子也不会问它的油箱在哪里；没有人注意它，甚至没人看它一眼。

　　其实，驾驶过它的人并不这样认为。

　　因为它耗油低，不需防冻剂，能够用一套轮胎跑完40000英里的路。

　　这就是为什么你一旦用上我们的产品就对它爱不释手的原因。

当你挤进一个狭小的停车场时，当你更换你那笔少量的保险金时，当你支付那一小笔修理账单时，或者当你用你的旧大众换得一辆新大众时，请想想小的好处。

案例分析：

当时，人们对汽车的概念还停留在彰显个人身份、财富及地位等方面，导致底特律的制造商们在汽车的设计方向上，依旧强调大气与宽敞。而甲壳虫汽车反其道行之，采用逆向定位手法，描述了汽车"小"的好处，改变了当时人们对汽车的认知。

此广告一出，随即引发了一场"创新革命"，广告不再致力于兜售产品，而开始出售一种生活方式。这种令人耳目一新的文案为什么能产生很好的效果？其根源在于人们对同类型的事物长时间接触，会产生感官上的疲倦，类似的刺激就很难产生预想的效果。这就是所谓的感官疲劳。

丧茶和分手花店的文案之所以突然火爆，就是在已经令人感到倦怠的正能量、成功学等励志文章中另辟蹊径，将与当下环境格格不入的"丧文化"撒向市场，产生新的刺激，引起了广泛的关注。这是一种由逆向思维衍生出的逆向表现手法。

冲突往往会令人印象深刻，增加用户对产品的感知程度，而逆向表现手法恰恰能给人强烈的冲突感受。这种冲突感就如同别克君威的文案："在别人喧闹的时候安静，在众人安静的时候发声。"

与文案写手分享：

那么当别人都向左走时，你该如何向右走？

1. 总结大众共性，逆向表达

当文案创作时，如果产品具有大众性，你需要总结出大众产品文案的共性，然后找到相反点，逆向表达。比如，当所有的文案都有"震撼、强冲击力"的特点时，你采用"温情感人"的风格，就更有可能对用户产生新的刺激，引起关注。再比如，当别的文案都在降价、促销上残酷竞争，你来一句"有点贵，但质量很好"，也能成为用户眼中的一股清流。

2. 反转型逆向思维法

这种方法看起来表达的是劣势，但剧情的反转会将劣势变成优势。下面以表现抗摔特点的手机文案为例：

案例 1：用锤子砸手机，怎么也砸不烂，然后最终阐述产品特性——抗摔。

案例 2：用锤子砸手机，在尝试 2000 次后，我们终于将手机砸烂了。

表面是手机被砸碎了，貌似质量不好，但重点在于砸了 2000 次才碎，这又明确体现了产品的抗摔特性。而且这种超出人们预想结局的设计，也会给用户留下深刻的印象。

3. 对立定位

如果你的产品有强劲的对手，那么这绝对是好事。比如，真功夫在快餐街的最大对手是麦当劳和肯德基。它就运用了对立定位，麦当劳和肯德基主打炸薯条，真功夫就在"蒸"上下功夫，从而打出了"营养还是蒸的好"的经典广告。七喜在针对可口可乐和百事可乐这两大巨头时，也从差异化的"对立定位"出发，打出"非可乐"的文案，从而大获成功。对立定位的高明之处就是不花任何代价，就可以借势爬上和对手占据的制高点相同的高度。

4. 利用产品相关资源的反衬

如果你想要表现你的产品质量好，文案创意表现可以从辞退所有客服的通知噱头入手，描述客服人员上班时间打游戏、上网、无所事事，或者一个老年的客服人员因长时间没有工作内容而无法升职加薪的画面等。用因为没有投诉导致客服的职位太清闲的情况，来反衬产品质量好。

花样使用各种修辞手法

经典案例回放：

比喻：

世界上有一种专门拆散亲子关系的怪物，叫作长大。——奇美液晶面板

做人就像剃须，进退都得要拿捏好分寸。——飞利浦

世界上最重要的一部车是爸爸的肩膀。——中华汽车

拟人：

和我不一样，我的手表不需要休息。——劳力士手表

双关：

格力空调，冷静的选择。——格力空调

夸张：

世界的早晨，都是雀巢咖啡。——雀巢咖啡

聪明不必绝顶。——某款生发剂

对偶：

哪有什么天生如此，只是我们天天坚持。——Keep

离开，你变成外乡的大人；归来，你变回故乡的孩子。——微信红包

用典：

听，夜雨剪了春韭，不醉不归吧，老朋友，干杯朋友，与尔解忧。——万科

出来混，迟早要回家的。——奥迪新春文案

押尾韵：

真正喜欢你的人，24 小时都有空；想送你的人，东南西北都顺路。——滴滴出行

顶针：

世界再大，大不过你我之间。——微信

矛盾：

讲个笑话，你可别哭。——《驴得水》

案例分析：

修辞手法就像神话故事中马良的神笔，能让画变"活"。山林里的溪水潺潺流动，草地上小鸡咕咕叫，风儿吹在脸上有羽毛扇的温柔，美人摇曳着身姿向你走来……

"修"作修饰解，"辞"原意是辩论的言辞，后引申为一切的言辞。修辞就是修饰言论的意思。修辞手法的恰当运用可以让语言变得鲜活、生动，富有美感。

常见的修辞手法有：比喻、拟人、夸张、排比、对偶、借代、反问、设问、反复、衬托、用典等。

其中，比喻在文案的写作中最为常见。它不但可以直观地传达产品特征，使抽象陌生的事物变得亲切，具有化平淡为有趣的魔力，而且当比喻出乎意料而又在情理之中时，会让文案句子呈现出很大的张力。例如，经典案例中，奇美液晶电视的文案"世界上有一种专门拆散亲子关系的怪物，叫作长大"，把长大比喻为拆散亲子关系的怪物，让人不胜唏嘘。

此外，拟人、对偶、夸张、用典等修辞也常在文案写作中被使用。虽然美妙的广告并不是靠语法规则和修辞手法创造出来的，但修辞手法可以让文案一语惊人、生动感人、引人深思。

与文案写手分享：

文案中修辞产生的效果包括增强形象、加强语势、增添情趣和凝聚语义四类。

1. 用比喻和拟人增强形象

比喻有明喻、暗喻、借喻之分，文案中的比喻修辞能够将消费者难以理解的事物用熟知的事物加以说明，让消费者更准确地感知事物本身，起到修饰主题内容、增强文案想象力的作用。

比如，中华汽车的文案"世界上最重要的一部车是爸爸的肩膀"使用了暗喻；锤子手机的文案"漂亮得不像实力派"使用了反喻；某款结婚喜饼礼盒的文案"甜只留给言语，把爱喂养得像初恋"则是使用了借喻。

在文案中使用拟人的修辞手法，将广告产品的信息赋予其人格化或物性化，也使得内容更加形象、具体化，有利于信息的传播和接受。比如，长城葡萄酒的文案："三毫米的旅程，一颗好葡萄要走十年。"

2. 用排比、设问、反问加强语势

排比句式可以突出信息的条理性，用抒情使消费者产生情感共鸣；用叙事使层次清晰。排比修辞手法使消费者阅读起来朗朗上口，具有较强的感染力和说服力。比如，某地产广告："非凡地，非凡宅，非凡品。"

设问的修辞站在广告受众的角度提出问题，通过回答帮助受众解决实际的问题，充分引起消费受众的注意，产生心理活动的变化，启发人们思考，突出文案主题和核心内容，提高受众的参与度。比如，斯达舒广告文案："胃痛吗？胃酸吗？胃胀吗？请用斯达舒。"

使用反问的修辞在文案中只问不答，让消费者思考问题的答案，领会文案想要表达的意思，强调所宣传的信息的正确性。比如，联想公司的广告文案："如果失去联想，世界将会怎样？"

3. 用双关增添情趣

双关是一种可以让文案变得幽默和含蓄的修辞，不仅可以生动形象地表达产品的特点，使其寓意深刻，而且可以增加情趣，给消费者留下深刻的印象。比如杜蕾斯的文案"最快的男人并不是最好的，坚持到底才是真正强大的男人！"这是2012年奥运会时，刘翔腿伤复发，虽然跨栏摔倒却坚持走完全程，杜蕾斯特意发出的微博。

再如经典案例中格力空调的文案："格力空调，冷静的选择"，用的就是双关。"冷"传播的是格力空调的制冷效果，"静"传达的是安静无噪声的特点，而"冷静的选择"指的又是用户深思熟虑后的结果，用得不可谓不巧妙。

4. 用对偶和反复凝聚语义

对偶的修辞手法使句子整齐美观，体现语言的和谐美，内容上十分紧凑，突出广告商品的主要特征。比如才子男装的"煮酒论英雄，才子赢天下"，再比如"品书香一缕，读人生百味""一头白发，满山青葱""朋友最真，友情最贵"。

反复的修辞手法突出和强调商品的某一信息，强化语气，使文案结构条理清晰，突出重点，增强商品信息的传播效果。同时强化消费者对广告内容的印象，减缓淡忘速度，延长记忆的时间。比如，大家耳熟能详的"今年过节不收礼，收礼就收脑白金"。

根据产品的属性，巧妙地运用不同的修辞手法，能够让原本平淡的文案变得熠熠生辉，更有吸引力。

创新用户体验，写到心坎里

经典文案回放：

> 很多人都喜欢吃"三只松鼠"牌子的零食，它
> 的文案同样也很出色。比如它"双12"发布的广告文案《鼠，
> 来也》："主人，让小鼠为您服务；主人，小松鼠在的呢；不客
> 气的呢，么么哒主人；主人，双12全场低至2折啦。"
>
> 《要啥，就给啥》："双12，包裹除了坚果，不能吃的有
> 哪些？一个带有品牌卡通松鼠形象的包裹；开箱器；快递
> 小哥哥寄语；坚果包装袋；封口夹；垃圾袋；传递品牌理
> 念的微杂志；卡通钥匙链小玩具；供你清洁的湿纸巾，要
> 啥您就说！"
>
> 从用户的体验出发，给用户最好的感受，是一种非常好
> 的营销文案写法。

案例分析：

谈起用户体验，我们第一时间想到的就是产品的某种
功能为用户带来的感受，但广告文案的作用也不容小觑。
"三只松鼠"在60天的时间内登上了淘宝和天猫坚果行业
的销售宝座，创造了中国商务历史上的奇迹，它的文案功
不可没。

奇迹的诞生源自"三只松鼠"更注重用户的感知力。"三只松鼠"隶属电商行业，与传统购物的眼见为实相比，在收货之前，消费者对产品的判断只能由情感来决策。只有给予用户良好的体验，才能触发消费者再次消费。

好的用户体验正是源自拥有"用户思维"。比如，"三只松鼠"感知到大家等快递的心情，就在快递的短信通知中添加了安抚细节，"松鼠已经火急火燎地把主人的货发出来了"。

打造了爆款节目《奇葩说》的牟頔，曾说过这样一个观点："内容的本质是情感的共鸣和情绪的共振。"

可口可乐的经典广告"Taste the feeling"，为了"感受那种感觉"，可口可乐在全球各地抓拍了150多张人们畅饮可口可乐的画面。可口可乐公司的掌舵者马科斯·德昆托表示："我们希望重新让可口可乐回到根本。可口可乐自始至终都是简单的，如果我们是一个大品牌，那也是因为我们拥有简单的快乐，并让消费者感同身受。"

去了解用户的心中在想什么，而不是你以为用户在想什么。

与文案写手分享：

"三只松鼠"被人们称为电商坚果行业的"海底捞"，其成功的秘诀是：将用户体验做到极致，尤其是文案值得称道。那"三只松鼠"是怎么服务用户的?

1. 拉近距离的称呼

"主人"是"三只松鼠"对消费者的称呼,这一称呼将消费者与品牌的关系演变成主人和宠物,拉近了两者之间的距离,让消费者有一种"角色扮演"的体验感。"主人"不仅用于客服和买家的沟通,关于"主人"的文案也几乎遍布整个店内。

比如购物节的宣传页面上:"619当天,前100名主人免单!""30余款新品上市,成本价回馈主人!""主人,把我也抢走吧!"

比如产品的说明文案:"主人,想知道松鼠的'无核白'为什么会这么好吗?跟随小酷(其中一只松鼠的名字)来一探究竟吧!"

再比如贴心的松鼠小贴士文案:"和松鼠做个约定吧,为了更美丽,主人要记得每天吃8颗来自新疆的爱的葡萄干哟!"

2. 直接给出解决方案

用户体验是互联网产品一直在强调的概念,主要作用在于满足用户需求,让使用产品的过程变得更加简单、方便。而文案需要易于理解,直接给出用户解决方案。不要和用户绕圈子,像"戳进去有神秘好礼相送"这类文案,很少有人会真的点击进去。所以,我们要将行动之后能看到什么、得到什么,直白、清晰地告诉用户。

我们要避免在文案中出现"拨打我们的电话""访问我们的网站和公众号"这样的话,要给用户详细的指引,比如"点击文章末尾某某处，进入官网查看某某""扫一扫某某图片，立刻获取某某信息"等。

3. 文案必须指向产品

文案必须指向产品，如果我们试图先把文案写得引人入胜，吸引读者的注意力之后再提产品，那读者很可能在兴趣消失后直接转身离去。所以，我们要把产品的信息融入每一句文案中，或者直接将它们合二为一。

写用户体验型的文案，重点在于从用户的角度出发，给用户最好的感受。怎样写才能得到用户的认可，满足用户需求才是最重要的。

蹭热点绝对有用，关键在于怎么蹭

经典案例回放：

在北京暴雨时，杜蕾斯策划了一个"安全套当鞋套"的文案，并且很快被网友顶上了微博热搜。文案的内容是这样的：

"北京今日暴雨，幸好包里还有两只杜蕾斯。"并且还配了一张将杜蕾斯套在鞋上的图片。如图6-1所示：

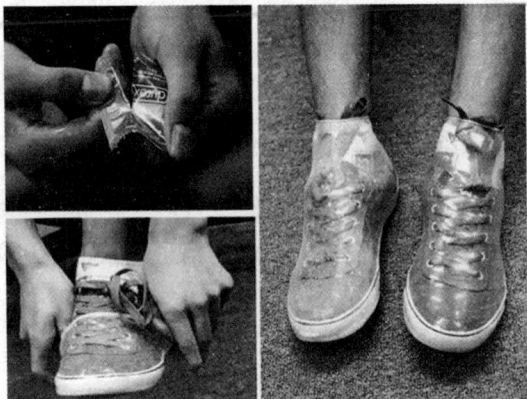

图 6-1

案例分析：

杜蕾斯的这个文案一出来，就引起了网友们的疯狂转发。原因就是这个令人意外的创意，把安全套当鞋套，实在太惊艳了。杜蕾斯称得上是广告界蹭热点的"骨灰级"大 V。小米发布会刚刚将笔记本和一分硬币进行比薄，杜蕾斯便出了"Just 比薄"这个文案。简短的几个字，精妙绝伦，不禁令人捧腹大笑。还有 2017 年感恩节，杜蕾斯那场持续追热点的文案盛宴，更是值得文案写手去学习。

蹭热点的热度，能够很好地引起用户的阅读兴趣，并且达到为品牌宣传的目的。所以，蹭热点已经成为很多文案写手写文案的必备手段。但是，热点也不是随便就能蹭的，尤其是那些明明和热点没什么联系，又没找到很好的契合点，却生拉硬拽非要用来营销自己的产品，只能适得其反。

比如有一个坚果广告在苹果发布会期间，做了这样一则文案："iPhone不如坚果，一部苹果能够买很多某坚果。"简单粗暴，没有任何创意，让人看了觉得莫名其妙，更不会产生联想。只是单纯地将iPhone当成一个热度高、消费高的代言词，以为只要在文案中放上iPhone这个词，就能够为产品带来流量地蹭热度。为了蹭热点而去蹭热点，蹭了不如不蹭。

相反，让人叫好的是珍爱网的创意。苹果开新产品发布会时，和手机八竿子打不着的婚恋网站珍爱网也来蹭苹果的热度，却一点都不让人觉得突兀。珍爱网的文案是这样的："连爱疯摄像头都脱单了，你……"珍爱网将iPhone手机的双摄像头与"脱单"联系到一起，既突出了珍爱网的品牌特点，又充满了趣味，精彩绝伦。

与文案写手分享：

有创意的文案，会吸引人们主动去关注。对于热点文案而言，创意同样十分重要。热点文案并不仅仅是只要将热点的内容嵌入文案中就可以了，那样只会让文案显得生硬。那么，怎样才能写出一篇好的有创意的热点文案呢？

1. 从关键词出发

文案写手在写一篇文案之前，首先应该对产品做一个全方位的了解，然后将产品和品牌的关键词罗列出来。比如说，产品的物理属性、情感属性、价值观、品牌主张等多方面的关键词。

拿案例中的杜蕾斯举例，它的关键词可以是：

与性相关：各种姿势、深、肾、胸……

情感相关：恋爱、男女朋友、异地恋……

产品相关：避孕套、润滑、薄、触感、安全……

价值观：做爱做的事、性福……

品牌主张：两性健康、耐久……

文案写手也可以将自己产品的相关关键词列举出来，让产品属性变得更加清晰。

2. 找出热点的关键词

当一个热点事件发生后，可以从多个角度去对热点进行分析，比如，热点的代表元素、符号、典故、关注点、槽点等，这样才能充分了解这个热点到底与产品有着什么样的联系。

文案写手在看到一个热点事件的时候，不妨在纸上列一个清单：

这个热点有没有什么代表元素？

人们为什么会关注这个热点？

热点发生时大家都会干什么？

……

有了这个清单，运用热点的时候轻易就不会出错。

3. 将产品关键词与热点关键词组合

文案写手在得出了产品的关键词之后，通过与热点的关键词进行组合就会得到一个新的关键词，这也是文案写手写文案的灵感来源。通过这样的方式列出来的文案关键词，通常来说会比较有创意。文案写手可以在大量的关键词组合中选出一个最符合产品定位的创意。

4. 新鲜的表达方式

文案并不一定都要用文字的形式去表达，文案写手既可以用文字，也可以用图梗、谐音梗或者图文结合的方式去表达。文案写手可以灵活运用，不论什么方式，只要能够吸引读者的眼球，就是好文案。

有创意的热点文案，能够在众多文案中脱颖而出，受到用户的关注。文案写手在写这一类的文案时，一定要注意上面提及的两个问题，正确借到热点的势，让文案能够被更多的用户关注。

独特的想象力，让文案大放异彩

经典案例回放：

> 红星美凯龙拍摄的广告短片《爱家，因为家爱我们》，脑洞之大，打破了以往传统的家具广告的模式，让人为之惊叹。
>
> 在短片中，所有的家具都是由人扮演的，比如说女主角

的工作就是扮演一把椅子，她的同事则是扮演台灯、墙壁上的挂钟、会议桌、挂衣架……

因为女主角的工作失误，被老板解雇，等到她拖着疲惫的身躯回到家时，家人们扮演的家具纷纷逗她开心，温馨的氛围和冷漠的职场形成了鲜明对比。这也成功地传递出红星美凯龙的主题——爱家，因为家爱我们。

案例分析：

红星美凯龙用人来扮演各种家具，这种奇特的构思，开脑洞的想象力，让人惊叹的同时，也给人留下了深刻的印象。

想象力是一种高级的认知能力，能够为旧有的模型构建新的形象。比如，当你站在地铁站，旁边有个老人带着小孩在等地铁，你在脑海中思考几个问题：他们从哪里来？要到哪里去……你会迅速构建出一个戏剧故事，这就是想象力。

爱因斯坦说："想象力比知识重要，因为知识是有限的，而想象力概括着世界的一切。"想象力在科研、文学创作等方面有着不可或缺的作用，对文案也是如此。

印度文案大神 Freddy Birdy 的公益文案："有时，孤独和关节炎一样痛。"将难以描述的孤独感受与现实伤病结合，使文案令人印象深刻。

诚品阅读的文案《买一送一的特权》："对买刚出炉的法国面包，要求附赠一束阳光的人。对看电影，要求附赠一辈子回忆的人。对买房子，要求附赠空中花园的人。对喝蓝山咖啡，要求附赠一杯灵感的人。对买好书，要求附赠额外智慧的人。订《诚品阅读》送人文特刊，买一送一的特权，送给以上懂得要求的人。"诚品阅读的文案通过发挥想象力，改变了产品与消费者之间的主被动关系，使促销不再是吸引手段，而是消费者的主动要求。文案中想象力的加入，将非常商业化的促销活动，变得更有格调和品位。

独特的想象力对文案创作而言，会打破惯有的词语搭配方式，将不会同时出现的词语建立联系，给读者一种新鲜、生动的阅读感受。而且，不论文案整体上的架构，还是主题内容的表述，都将化熟悉为神奇，让你的文案充满韵味。

与文案写手分享:

脍炙人口的文案，常常能够让品牌大放异彩，独特的想象力会让人耳目一新。那么，怎样才能发挥想象力，让自己的文案更具魅力呢？

1. 充分了解产品

一个文案写手只有充分了解产品，才能找准产品的定位，并且在此基础上，发挥自己的想象力，给用户最直观的感受。如果连要营销的产品都无法了解，不但不能将产品的特性正确地展示出来，同样也找不到文案最能打动用户的那一个点。

2. 把自己当成目标用户

好文案都是有针对性的，并且针对的范围一定要精准，不能没有具体标准。因此，目标用户应该是一群富有具体特点的人，将他们的生活方式、生活习惯具象化，必要的情况下，还需要能精准到某一个具有典型代表性的人。

通过洞察这个人的三观、精神世界等，了解他衣食住行中的细微习惯，逐渐对这个人的方方面面进行剖析。只有这样，才能找到目标用户真正的内心需求，然后投其所好，写出符合对方胃口的文案。

这样即使写出来的文案天马行空，一样能与用户产生共鸣，从而更好地打动用户，激发他们的购买欲望。

3. 感情，是最好的触点

根据调查分析，功能需求类的文案总是容易被替代，而情感需求则会越来越持久和专一。一篇只是讲述功能的文案，很难吸引消费者，所以，即便是在必须讲功能的文案中，也需要结合情感进行述说。

广告文案中富有了强烈的感情之后，就能描述出真实而具体的情感和细节，并让情感从细节和文字中流露出来。所以，想象力加情感，就是一篇文案成功的结合。

写一篇文案简单，写一篇成功的文案却很困难。充满了独特想象力的文案，无疑会更加吸引人们的眼球。但是，文案写手要注意，虽然想象力可以天马行空，但是一定不能脱离实际生活，更不能脱离产品。我们写文案是为了将产品营销出去，如果脱离了产品，无异于本末倒置。

有哲理的优美文字值得品味

经典案例回放：

> 光耀地产曾打出的誉满深圳街头的广告《先生的湖》，几张简单的图片，配上充满哲理意味的文字，读来让人心动。
>
> "鱼什么时候来是鱼的事，先生什么时候来，是先生的事。先生来钓鱼，那是先生和鱼的事，先生的湖是先生和鱼的心灵居所。"
>
> "在先生看来，有些走路只是赶路，湖边木栈道，林间小路，连接岸与岛的桥……不是所有的路，都是为了去到那里。先生的湖，山下的墅，给自己多点时间去体会。"
>
> ……
>
> "先生总是很慢很慢，慢慢你就会明白，用40分钟与城市保持距离，用20年一步步丈量山路，一生加速，只是为了可以慢下来。先生的湖，山下的墅，给自己多点时间去体会。"

案例分析:

如此优美宁静的义字,在这个浮躁的世界里犹如一股清流,让人忍不住停下来去慢慢品味。这个文案给了太多地产广告人、策划者以启发和思考,原来房地产广告还可以这样写。

文案不仅需要深入地洞察和摸索消费者内心的诉求,还要精准地把握人们普遍的价值观和情感。而对人的主体性哲学思考有利于文案写手增加对人性的理解,让文案更加深入人心。

而在生活中,很多文案内容简单粗暴,直接将产品的信息传递给用户。当然,并不是说这种广告文案的方法不好。只是一味地跟随、模仿、统一,很难在众多竞争对手中脱颖而出。在很多时候,即使再优秀的产品也需要一个好的广告文案将它推到用户的面前。

《先生的湖》之所以会成功并被奉为经典,更多的原因在于它与别的广告文案不同的出发点。看似只是先生关于湖的哲理探讨,巧妙处在于,文案写手通过这种侧面描述的方法将产品的优势无声无息地呈现在用户的面前。这既不会因为简单粗暴的文案给用户带来不适,又能让用户在思考时体会到楼盘存在的优势,这就是哲理性语言的魅力所在。

吸金广告与爆款文案
撰写技巧及实例全书

与文案写手分享：

让文案充满哲理，并不代表着我们要写一些似是而非，看着高大上实际上用户根本看不懂的语言，这无疑与文案的初衷背道而驰。那么，怎么才能写出一篇成功的充满哲理的文案呢？

1. 与产品紧密联合

不论写什么类型的文案，最重要的是在文案内容中突出产品的优势。如果一篇文案只注重讲道理或者是思考人生，而和产品没有任何关系，那么这就是一篇失败的文案。文案写手写文案是为了让用户通过阅读去了解产品，因文案而在脑海中留下深刻的印象，或者是产生购买产品的想法。所以，文案写手在写文案时，要对产品进行充分了解，从产品的角度出发进行文案创作，这才是最重要的。

2. 用知识充实自己

没有一篇文案是能够一蹴而就的，尤其是这种哲理型的文案，更加要求文案写手具有丰富的知识，能够对自己的文案进行充分地把控。因为一旦产生偏差，人们便会将其当成一篇文章去阅读，而无法从中正确地提取有关于产品的知识。

只有在生活中多读多看多写，才能将产品完美地和文案结合起来，就像《先生的湖》一般，能够让用户在阅读文案时体悟人生。

第五章
新媒体文案创作 6 个关键词

注意力：短平快，不说废话

经典文案回放：

> 选择睿智 MOTO 的五大理由：
>
> 三主要："智能语音识别、完美人机对话，超长影音录放、尽兴时刻全情记录，手写输入连笔草书识别、聪慧灵巧更迅捷。"
>
> 两次要："超级内存、超强应用，强大数据传输、多快好省样样全。"

案例分析：

随着生活节奏的加快，没有人会耐心看完一篇冗长的文章，所以"短平快，不说废话"应该是新媒体文案的一大关键。睿智 MOTO 的文案就非常简洁，将产品的功能和

吸金广告◎爆款文案
撰写技巧及实例全书

消费者的利益前后列明，让人一目了然。

所谓"短平快"中的"短"就是行文简洁，力求在最短的时间抓住读者的注意力，将核心信息传递给读者。"平"解释为放低姿态，新媒体的大环境使然，高高在上的品牌无法与用户产生有效的沟通。所以，你需要将目标用户当作你最亲近的人，与他们沟通。"快"就是要求传递快速，新媒体要保持对网络热点传播的及时性。

现在信息传播迅速，在各种各样广告不断地侵袭下，人们对很多事物早已产生了视觉疲劳。而且逐渐加快的生活节奏让人们的内心都很浮躁，注意力越来越难以集中，因而人们更加倾向于欣赏"短平快"的文案。

人们看完一篇演讲课程需要一个小时，换成文案仅需要15分钟，甚至有些人花费几分钟就可以看完。而短视频的火爆，恰恰迎合了人们当下追求"短平快"的观念。

商业广告的华丽，抽丝剥茧不过是寥寥些许文字。更多时候，用户没有时间和耐心去欣赏你的辞藻和意境，他们更希望你的文字能够更加精准、简练地说出他的诉求，满足他的欲望。与其云山雾罩，不如开门见山，"短平快"的写作技巧显得尤为重要。

与文案写手分享：

在快节奏的信息化时代，人们越来越注意沟通的成本与效率，如果一两句话能够说清楚，尽量不要说第三句话，文案也是如此。那么，如何实现文案的"短平快"呢？

1. 标题短小精致

一个标题的价值是整个广告文案的 80%，所以实现文案的"短平快"首先要从标题入手。文案写手利用标题对痛点和需求点进行精确打击的同时，要写得简单明确，让人一看便知。如果标题太过冗长，并没有提供实质的价值，只会让用户心生厌倦。

2. 条理清晰，逻辑清楚

文案的逻辑清晰是实现"短平快"的重中之重。如果你写了1000 字仍没有将想要表达的事情说清楚，那用户也无法理解你到底在讲什么。逻辑清晰，这个要求虽然看起来很低，实际上是很多文案新手常犯的错误。他们一般会追求文案的深刻有趣，认为应该语不惊人死不休。这样反而将他们拉进了误区。

比如："某某活动就要开始了，亲们请注意，活动只有三天，从今天开始到本周三结束，所有商品一折起，错过了再等一年。众里比价千百度，突然发现，击穿底价就三天。你还在等什么，赶紧把手剁起来吧！"

这种类型的文案，乍一看很有号召力，实际上什么都没交代清楚。其实，略微地改动就可以把事情说清楚，还不显得啰唆。

比如："2019 年 9 月 10 日至 2019 年 9 月 13 日，本店所有商品一折起，错过再等一年！"

3. 重点突出，没有废话

文案越冗长，用户阅读完的概率就越低，信息的完整度就会受影响。文案写手应该尽量浓缩文案内容，将主要的信息、关键词进行清晰地呈现，让用户看到最精练的部分，提升他们读完全部文案的欲望，也避免受到冗余信息的干扰。

参考上个例子："2019 年 9 月 10 日至 2019 年 9 月 13 日，本店所有商品一折起。热门商品 1 累计销量 2000 万，原价 1100 元，限时特价 110 元；热门商品 2 累计销量 1800 万，原价 200 元，限时白菜价 20 元。数量有限，售完即止，错过再等一年！"

今日头条曾公布过一组数据："1000 字的文章平均跳出率是 22.1%，而 4000 字的文章的跳出率则达到 65.8%。"所以，要想让自己的文案传播的信息被更多的用户记忆和传播，它就必须单纯且清晰。

4. 深刻有趣

文案在追求"短平快"的同时，尽量要具有脑洞和传播能力，让人印象深刻并乐于向他人传播。

娱乐：轻松搞笑，被更多人分享

经典案例回放：

　　鸡肉串是日本常见的一种小吃，它的文案让人忍俊不禁，引起了大量的关注和转发。文案由几张图片组成，主角是一只背着包袱和两根大葱的小鸡，描述了小鸡成为优秀鸡肉串的过程。如图 7-1、图 7-2、图 7-3、图 7-4 所示：

图 7-1　　　　　　　　　　　　　　图 7-2

图 7-3　　　　　　　　　　　　　　图 7-4

案例分析：

　　鸡肉串文案在当代快节奏的生活中，以其轻松幽默的特性满足了人们对轻松舒畅生活氛围的追求。纵观曾经火爆一时的文案，除了情感类的煽情文案，最受欢迎、能够让人分享的就是那些轻松搞笑的文案。

轻松搞笑的广告总是用一种幽默的表现方式来宣传产品。它的新奇会给人一种不一样的感觉，突破人们原有的心理定式，使人产生愉悦和轻快感。诙谐、风趣的内容在大脑传递的过程中会形成一个爆发点，引发人们由衷的笑声。

幽默引发的笑声是一种内心愿意接纳的表示。当用户被文案中的搞笑内容和情景所逗笑时，心理就处于一种积极的兴奋状态，而这种感官机能的兴奋，就在心理层面消除了对广告的防线，此时用户最容易受到广告的影响。这种在轻松愉快的心境中完成对产品的认知、记忆、选择和决策的过程，使人们能够愉快地接受广告对商品的介绍与宣传。

轻松搞笑的文案运用得当也会提升品牌热度，带来大量的用户关注。比如，之前海尔公司要更换新的海尔兄弟图标形象，于是在网络上发起了"大画海尔兄弟"活动，呼吁网友可以在指定网站上传自己的作品。这个活动一经发起，在短时间内，就有大量"搞笑"海尔兄弟的作品涌入网站，像土豪版、"好基友"版、肌肉美男版等。

活动的走向大大出乎了海尔公司的预料，但是不可否认，这些搞笑的作品为海尔公司带来了大量热度，并且对其品牌的年轻化起到了正面的引导作用。

在众多广告文案中，轻松搞笑的文案并不少见，比如谷歌的一期文案："知之为知之，不知 Google 之"，还有"本店没有巨大的资金，但是有巨大的鸡腿"，等等。每当看到这样的文案，总是会让人忍不住嘴角上扬。这种轻松能为人们带来欢乐的文案，更容易让人们去和周围的人分享。

与文案写手分享：

在注意力稀缺的时代，幽默型文案更容易撩拨起人的情绪。那么，如何写出一篇轻松搞笑的文案呢？

1. 借助网络段子

在娱乐为王的社交时代，网上盛产了大量的段子手。他们凭借风趣幽默的文风，收获了很多读者的心。如果在文案中借鉴一些有趣的段子，就能收到很好的幽默效果。

一些小店主就能很好地借助网络上的段子。比如，有卖空调的商家打出这样的广告语："我们的空调和你前任的心一样冷。"有新开的小店挂出招牌："本店离百年老店还有 99 年"……让人忍俊不禁。

文案写手同样可以借助段子写出有趣的文案，比如，"据说爱笑的女孩，鱼尾纹都比较多""以后的路你自己走，我打车""你所有为人称道的美丽，都有 PS 的痕迹""从前有只丑小鸭，不过人们发现它虽然长得丑，可味道还是很好的"……文案写手平时可多关注一些社交平台、网络热点等，找到有趣的元素，灵活运用到文案的写作中。

2.巧用谐音

谐音的幽默在于理解误会的产生。这对于文案写手来说并不是一件困难的事情，重点就是利用不同词语和语句的相似之处来制造笑点。这种方式的文案很容易被人们理解，属于大众化的搞笑故事。比如：

A："World sing how learn。"

B："啥意思？世界唱歌怎么学？"

A："我的心好冷，你个土包子。"

像这种"中西合璧"的方式和原词与谐音高度同步，就是创造幽默型文案的关键笑点。

3.巧用双关语

"双关语"能够利用文字、语言上的多义和谐音，给人造成一定的误解或似是而非的感觉，让文案形成幽默的氛围。比如，腾讯新闻的文案"十四我们绝不说成四十"，就是利用了十四和四十这个经典绕口令与新闻事实的谐音，以达到强调尊重事实新闻态度的目的。这就是典型的双关语。

4.使用"灾难效应"

所谓"灾难效应"，就是有些事情一旦发生，结果会令人难以接受。如果事情突然出现转折，避免了事情的发生，人们就会本能地松口气，并用一种"侥幸的笑"进行回应。

这种幸灾乐祸的幽默，杜蕾斯的文案中经常用到，它带来的效果也是十分可观的。比如，"当父亲的代价：奶瓶费、保姆费、童车费、玩具费、童装费、奶粉费、尿不湿、学费、生活费、买车、买房、结婚……不当父亲的代价，仅为'小杜杜'"。

5.老梗新用

套用典故创作文案的方式比较多，古往今来，很多一本正经的典故都是文案写手信手拈来的素材。而通过破坏意境，来表达与之无关的文案，往往能够收获理想的效果。因为这样的文案是由典故的强行加入与原意产生对比冲突，进而激发读者的阅读兴趣。比如，"一位男士过河，不小心把他的山寨机掉到了河里。河神冒出来，拿出了苹果 X、华为 P20 问是否是他掉的，男士摇了摇头拒绝了。河神为其诚实大为感动，将三部手机都给了男士。另一人听了很羡慕，第二天就把自己的诺基亚扔进了河里，结果没一会儿，河神的尸体冒出来了。"被诺基亚手机砸死了！这就是典型的"老梗新用"。

6.取材于生活

取材于真实生活的场景，会让人觉得有洞察感。能够深入人心的笑点总是源于生活而高于生活，因此，文案写手要仔细搜集身边真实发生的趣事。

同时，文案写手要注意，幽默型文案是为了让用户在欢笑放松之余，感受到产品的优势，进而去购买。文案写手不能为了搞笑，一味地去写一些庸俗、恶俗的内容，那样只能令人生厌。

价值塑造：说出大部分人想说不敢说的话

经典案例回放：

小马宋为猎豹清理大师设计的文案，如图 7-5 所示：

图 7-5

案例回放：

小马宋为猎豹清理大师写的文案，说出了大家想说而不敢说的话，引起了大家的共鸣。"幸好在手机上你不用忍着，不管什么垃圾，猎豹都会清理干净"的价值塑造水到渠成。所以，文案不仅要表达自己的态度，还要能表达用户的态度，说出读者想说的话。

传闻美国有一个啤酒品牌在业界的地位一直排在第二，与第一的市场份额相差很大。但来参观的专家对其发酵过程的精致与严格叹为观止，提议将酿造过程作为文案核心。老板认为所有啤酒厂的啤酒都是这样生产出来的，将这个过程告诉消费者没有太大的意义。然而专家写了一篇文案，讲述了这家啤酒厂的啤酒是怎么生产出来的，消费者读后感到震撼不已，于是，这个品牌逐渐坐上了行业的头把交椅。

对产品而言，如果你不为它塑造价值，没有深层次了解的用户就不会知晓产品的优势，很可能因为犹豫或认为交易不划算而放弃下单意图。

所以说文案一定要塑造价值。当你懂得如何去塑造价值感时，你的产品就会让用户感觉与其他产品不一样，进而认可你的产品的价值。

当你在文案中说了用户想说却不敢说的话，就会让用户产生代入感，从而让用户与产品产生共鸣，更好地塑造产品的价值。

与文案写手分享：

既然价值塑造如此重要，那么文案的价值塑造有什么技巧吗？

1. 让文案有价值

不要将目光放在产品的材料上，要从用户的角度出发，找到产品应有的价值。不论时代怎样发展，人们愿意关注的永远都是对自身有用的东西。

以钻石为例，钻石本质就是碳，与铅笔芯是同一种成分。但在各式各样的广告渲染之下，它变成爱情与永恒的代名词。所以，人们一谈到钻石，就会想到："钻石恒久远，一颗永流传。"而不是说："钻石就是一块碳，比你的铅笔要结实，能切割东西。"

2. 找到核心记忆点

一个产品是否能够被用户记住，关键就是文案写手是否能够找到产品的核心点，并且对其进行着重描写，将它发扬光大，从而让用户记住这个点。有很多文案写手对产品进行描述的时候，总是希望能够将所有的优势都写出来，这是一个很严重的错误。这样做不但会模糊用户的记忆点，而且也会让文案变得平淡无奇。

以钻石为例，钻石出现最多的场景就是婚礼。众多的广告强化了钻石与浪漫爱情的联系，让男人相信，更大更好的钻石才能代表你更真挚的心意和更浓烈的爱意，同时鼓励女人，将钻石视作浪漫求爱的必要部分。通过对消费者成功施加了心理暗示，消费者完美地产生了错觉和幻觉，把一块普通的石头变成了无坚不摧的奢侈爱情浪漫利器。

3. 情绪植入

在很多时候，没有什么比情感共鸣更能打动用户的。文案写手如果在文案中植入搞笑、感动、喜悦、积极等情感内容，触碰到用户的内心，进而产生共鸣，就能引起用户对文案的关注。

4. 添加赠品

添加赠品也是塑造价值的一种体现。相比单一的产品而言，赠品本身就意味着给予消费者更多的价值，自然会为产品提升价值感。当然，这里的赠品可以是现实中的物品，也可以是虚拟的物品，某种行业的心得、专业的材料、一些精心挑选的照片等，只要让消费者认为有价值就可以。

互动：增强代入感

经典案例回放：

支付宝发布了一则《Uber 版本更替支付宝风险危机》的文案：

值此 Uber 新老版本更替之际，很多人担心虽然老版 Uber 不用了，可里面还绑着自己的支付宝呢，是不是得马上解绑？不解绑会不会有风险？该怎么解绑？

大家多虑了，我都打点好了。支付宝为老版 Uber 在中国

提供的支付通道已经自动关闭，就算你逼我付钱，臣妾也做不到了。所以也就没有解绑的必要了。

大家可以使用新版的 Uber，同样也可以用支付宝。

综上所述，你啥事儿都不用干，该吃吃该喝喝。

案例分析：

支付宝的这则文案要文笔没文笔，要排版没排版，看似只是单方面的"任性"通知，实则互动性极强，有一种当面交流的即视感。整篇文案超过 10 万的阅读量就足以说明一切。

互动性强的文案能够激发消费者的三重反应，在产品与用户之间架起桥梁，使产品理念与用户情感擦出火花。

第一重："啊！你怎么会知道！"初见文案的惊讶，在于精准抓住用户痛点。

第二重："我也有这种感觉！"文案内容与用户产生强烈的共鸣，提升了用户对产品的好感与信任。

第三重："这么多品牌，还是你懂我。"明确需求，直击痛点，唤醒情绪，交流情感，建立信任，一气呵成。

互动性文案能够让用户在阅读过程中产生参与感，对准确地传递情感、利益，引发共鸣有极大的促进作用。比如：

从情感角度出发。"我是盲人，请帮助我"这一句话就是一篇文案，但它只是站在自身的角度，叙述了自己是一个盲人的事实，不足以让人们产生代入感。而"多么美好的一天啊，但我看不见"就可以在情感上引起人们的共鸣，因为，这句文案会使人在第一时间想到自己能看见是多么幸运，而盲人是多么不幸，从而产生帮助盲人的行动。

从利益角度出发。"彩票最高奖金 1000 万"这句文案中，"1000 万"给足了人们诱惑，但极低的概率极大地增加了触摸奖金的难度，降低了人们想要触摸的欲望。所以，你就必须将他们代入其中，告诉他们：如果你不抬手试试，怎么知道触摸不到。所以，就可以这样写："是啊，你这辈子可能都挣不到 1000 万，但你买彩票至少有中一次的机会啊。"

与文案写手分享：

要想增强代入感，让文案开口"说话"，可以试试以下几种技巧：

1. 文案人格化

用文案将用户带入面对面沟通的情景，不需要华丽的语言，就像两个人相对而坐，促膝而谈。尽量多使用一些让人感到亲切的句式，比如，"你知道吗……""告诉你一个秘密……""告诉你一个好消息……"等。让用户在阅读文案时，像是在听你说话，思考你要塑造的是一个什么样的"人"。

2. 多提问

在文案互动中，尽量多使用第二人称"你"。一者，第二人称符合交流的场景，再者，人们最关心的都是与自己相关的问题。所以，你要时刻提及他和他的问题，调动用户思考，使双方产生互动。

3. 举例子

多举例子、打比方能够让文案简洁的语言变得更加自然和有趣。史蒂芬·金说："比喻用到点子上带给我们的喜悦，好比在一群陌生人中遇到一位老朋友一般。将两件看似毫不相关的事物放在一起比较，有时可以让我们换一种全新的生动眼光来看待寻常旧事。"

比喻像是在与用户交流时，给他带来一个老朋友，贴近了他的生活，他自然愿意听你继续"说"下去。多使用比喻能够加强文案的戏剧性，同样也会使文字显得更加生动。

4. 叙述细节

文案中将细节丰满化，能够将抽象内容变得更加具有画面感，使用户更容易卷入其中。比如，《舌尖上的中国》的旁白文案，没有单纯使用"好吃、美味"等词语，而是将自己置于烹饪之中，描绘出五官所带来的感受，调动观众的情绪。

一篇好的文案只有打动用户，让用户愿意去"交流"，才能更好地提升转化率。

逻辑：背后是深度思考

许舜英为 Stella Luna 女鞋撰写的顶级文案《工艺是时尚的灵魂》如下：

设计师的创作不过是一幅美丽的遐想，如果缺少三维空间的诠释能力

鞋跟高度只是虚荣的数字，了解人体工学和航空力学才能成功制造一种性感

没有经过细腻的几何逻辑推演，再迷人的线条也无法结构出流动的魅力

只有不断试验材质和配色的新的可能性，才能说出更进化的美学语言

真正让女人沉溺的鞋子，绝不只是外表，还有一种穿上了就不想脱下的欲望

是热情是知识是细节是极致工艺精神，让一双鞋子拥有了时尚的灵魂

案例分析：

文案作者没有随意堆砌辞藻来描绘材质，而是运用强大的逻辑能力，将"三维空间、工学、力学、几何逻辑"

等理工科范畴的专业词语，作为高跟鞋的性感背后的必要条件，进而强调了工艺对时尚的意义。

　　一篇优秀的文案背后，一定有着严谨的逻辑和精妙的布局。这些细枝末节来自大量的用户调研、目标人群分析等，绝不是随意空想就能完成的。广告大师大卫·奥格威在《一个广告人的自白》中写道："消费者不是傻瓜，消费者就好比是你的妻子，如果你以为仅凭口号和煽情的形容词就能劝服她购买东西，那你是在侮辱她的智商。"

　　很多文案没有说服力的原因就是缺乏逻辑性，大致分为三种情况：

1. 将个人主观的看法或感受作为论据

　　比如，"我非常看好这款手机，它一定可以成为时代的潮流"，这就是没有说服力的文案。因为它将没有强力依据支撑的个人感受作为论据，给人一种莫名其妙的感觉。你个人的感受如何能影响时代潮流？这在逻辑上是无法讲通的。

2. 用语言的反面或不同的说法重复表达

　　比如，"你还没有拥有这款手机，所以你就应该去购买一款"，这种文案看上去很可笑。并且类似的强盗观点很容易让人产生反感的情绪，但是，这种表达方式的文案在生活中层出不穷。

3. 因果关系混乱，逻辑过于跳跃

　　比如，"这款手机超大内存，是送给女朋友的最好礼物"一类的文案，将因果强行关联会让人困惑不解，无法理解两者之间的关系。假如你将逻辑关系补足，就不会显得如此生硬，像"这款手机超大内存，可以存储10000张照片，是送给喜爱自拍的女朋友最好的礼物"这种，就会更有说服力一点。

一篇能够收获读者阅读精力、时间和注意力的文案，其核心就是逻辑。文案没有逻辑，文章没有重点，让人不知所云；文章逻辑性强，寥寥几句就可切中要害。其实，讲逻辑就是思路清晰、条理分明，复杂的事情简单地说，简单的事情完整地说。

与文案写手分享：

在新媒体文案创作时，文案写手通常会感觉无从下手。文案的切入点、开篇、文章顺序、论证过程等都是需要文案写手考虑的点。那么，如何写出一篇结构明确、逻辑严谨的文案呢？

1. 逐步延伸的思考链

逻辑背后一定是深度思考。思考一般由连续的提问和回答构成，文案的创作可以从产品角度出发，提出问题。比如：

产品值得人们关注的细节有哪些？我们可以从区别于其他产品的创意优势和质量优势入手；产品帮助用户解决的需求是什么？我们可以从同类产品用户评价的两个极端，提炼用户的精准痛点；相比同类竞品的优势是什么？可以从价格、质量、用户体验等方面寻找答案。

2. 设计内容结构

思考链为文案创作收集了论点、论据等素材，好的内容结构能使读者阅读和理解更加顺畅。推荐三种最常见的文案结构：

（1）总分总结构

文案在框架上分为"总—分—总"或"总—分"结构。行文中的第一个"总"就是建立一个问题，全文围绕这个问题做出的回答就是"分"。建立的问题可以分解成若干个小问题，在文案框架上形成衔接上下的台阶架构，逐步靠近建立的问题。当所有的小问题解答完成之后，那么立题的大问题也就解决了。最后一个"总"就是为全文做一个总结。篇幅较小的文案也可以使用"总—分"结构。

（2）清单式结构

利用清单列表的方式罗列出用户所需信息或文案写手打算呈现的内容。适用于内容信息多为平行结构的文案。

推荐类：比如，推荐北方冬季旅游必去的十大景点、适合打发零散时间的五个小游戏、某某行业新人必读的十本书等。

方案类：比如，为某一疾病的预防或治疗措施提供不同的方案、食疗或药疗、中药或西药等；某一城市的几种旅游路线。

清单式结构适用于选题丰富、内容信息量大的文案，能够给用户一种帮助他们解决实际问题的感受。

（3）故事型结构

故事以时间线、主人公心理活动变化等为轴，本身自带逻辑，但对文案写手的脑洞和文笔要求颇高。一个好的故事能够将用户带入其中，渐入佳境。

一篇文案将思考链呈现于有逻辑的结构中，能够解决文案逻辑性不强的问题。

传播：从"渠道为王"到"内容为王"

经典案例分析：

杜蕾斯，这个在情趣行业不断耕耘的品牌，总会用不同的文案将情趣展示出来，让人惊喜却无伤大雅，也让人印象深刻。如图 7-6、图 7-7 所示：

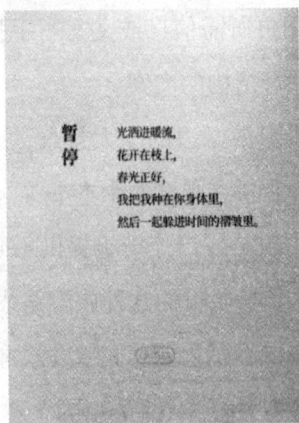

图 7-6　　　　　　图 7-7

案例分析：

在"渠道为王"的时代，杜蕾斯同大多数传统品牌相似，在新兴的平台上粗暴地推销着自家的产品。消费者只能被动地接收信息，且品牌与消费者之间的接触有限。新媒体时代让传播方式的重心由"播"变成了"传"。这种改变对新媒体文案而言，需要从原始的"渠道为王"转化成"内容为王"。

"渠道为王"的时代，因为传播渠道单一，产品的有效信息传播受到严重限制，而且这种传播渠道是单方面输出，用户只能被动地选择接受或不接受，无法进行有效的反馈。网络科技的发展，让游戏规则发生了变化。

现在读者每天进行的是碎片化阅读，随时随地，马桶上、地铁上、等公交的路边、吃饭的间隙，拿着手机刷一刷。这种情况下，读者很容易被外界打断，注意力也是分散的。此时，注意力就成为重点，文案的内容是否能够具有传播力就成了最重要的因素。

新媒体文案的本质就在于争夺人们的注意力。在产品信息繁杂多样、内容大爆炸的炮火硝烟中，新媒体文案必须保证内容优质，才能抓住读者眼球，并激发他分享的欲望和冲动。那么，什么样的文案才有传播力？或者，换句话问：什么样的文案你才愿意转发到朋友圈？

1. 暖心类

转发目的：让感动我的文字，也感动你。

如果一个文案你都看哭了，会不转发分享吗？在无奈现实里奔走的人，总是容易感慨于盛在字里行间的人间百味，那些烹调酸甜苦辣的爱情，那条记忆中弥漫着桂花香的小巷，那个灯火通明的燃着奋斗气息的城市……让我们想起失落已久的"我爱你"，还有那个不曾向现实低头的少年。

暖心的文案总是把你记忆里热气腾腾的欲望点燃，比如贝壳找房的那句："有时候'回家吧'，比'我爱你'更像情话。"比如，央视公益广告《家香 家乡》中的那句："家，是我们一辈子的馋。"

2. 励志类

当我们在阅读一些文案时，想象体验和真实体验一般很容易混淆。当你阅读完一些心灵鸡汤、励志故事后，即使你根本没有行动，内心也会产生行动过后的满足感。

例如，"劲牌"励志海报《有劲，才有可能》中的"熬过了这些日夜颠倒，梦想才会按时报到"。

3. 有价值的故事

转发目的：我喜欢有价值的东西。

例如：《我是怎样赚到现在这些钱的》《工作十年，我经历了哪些思维上的转变》

任何人都不会拒绝听故事，尤其是有价值的故事，可以唤起我们内心的相似记忆，产生认同感。或者是当成参照物，努力向其靠齐。一个有意义的故事，能够激发人们的阅读兴趣，被转发的概率也会提高。

4. 简单实用的知识类

转发目的：表达自己是一个爱学习的人。

例如：《商业世界的11条真相》《一篇看懂互联网时代的品牌建设与传播》

知识类的内容可以说是转发度最高的，在这个世界上，是否具有丰富的知识是判断一个人是否优秀的基础。所以，大概没有人会愿意承认自己无知。

5. 共鸣度高

转发目的：简直说出了我的心声。

例如：《谁不是一边不想活了，一边努力活着》

试图与用户产生共鸣是为了与他们拉近距离，将用户带入文章设定的环境中去。如果不给用户留有缓冲的余地，当用户进入文章的情景中时，直接面对品牌的宣传，很容易激起抵触情绪。

与文案写手分享：

时代更替的力量是摧枯拉朽的，无论你拥有多么强大的传播渠道，在这个"内容为王"的互联网时代，都会不堪一击。那么，如何让自己的文案具有传播性呢？

1. 口语化

尽量多使用一些"接地气"的口语，使文案内容避免生涩、拗口。而口语化的判断依据就是能够将这句话讲给别人听。

比如，奥迪"突破科技，启迪未来"的文案，这种话只会出现在演讲或海报上，在生活中没有人会使用它去推荐一款车。而"开宝马，坐奔驰"与之相比更具有传播力度。

2. 场景化

你的文案应该定位到特定的场景、时间、人物、心理状态等，目的是让消费者对你的文案进行学习和模仿。而心理学对学习的定义是：改变特定场景下的行为概率。就像你在开车的时候，遇到红灯会减速一样。最常见的案例就是加多宝的"怕上火，喝加多宝"。

3. 改编熟语

将人们常用的熟语改编成你的广告，也会让消费者易于传播。常见的熟语有歌词、谚语、成语等等。

比如，丰田的"车到山前必有路，有路必有丰田车"，诺亚舟的"书山有路勤为径，学海无涯诺亚舟"，都是将人们熟知的诗句改编成了广告语。

4. 易于改编

有时候，别人随意打趣，会说出"走路五分钟，出汗两小时"之类的话。而这种模式，来自 OPPO 手机的广告"充电五分钟，通话两小时"。虽然说这些话的人并没有直接宣传 OPPO，但当你听到这些话时，就会自觉联想到 OPPO。

5. 通用化

如果你的文案内容本就是人们日常生活中会说到的内容，就能达到传播的效果。比如，阿迪达斯的"没有不可能"，飘柔的"就是这么自信"等，都是人们本来就会说的话。

一篇文案内容的可传播性，决定了再次传播带给用户的印象。好的内容、好的传播、好的设计才能由"播"变成"传"。